人脈・アイデア・働き方……

ビジネスが広がるクラブハウス

武井一巳

青春新書
INTELLIGENCE

はじめに

ラジオやポッドキャストといったこれまでの音声メディアは、そのほとんどが一方向のメディアでした。ところがクラブハウスは、誰もが簡単に双方向の音声メディアを持てるSNSです。

しかも、テキストや写真、動画といった手間のかかる手段でのコミュニケーションではなく、リアルタイムにおしゃべりするという、まさに現実に限りなく近いコミュニケーションを実現しています。

SNSは承認欲求を満たすためのツールだと考えられてきましたが、クラブハウスは承認欲求を超え、さらに時と場所を超え、限りなくリアルに近いコミュニケーションを可能にさせてくれるSNSです。

このツールが、ビジネスに利用できないわけがありません。クラブハウスは、そんな新しい可能性を垣間見させてくれるものです。

そこで、本書では、クラブハウスをどう使いこなすか、今後どう活用していけばいいのか、などを解説するとともに、すでにビジネスに活かしているユーザーに取材させていただきました。

ご協力いただいた落合陽一氏と秋元里奈氏には、多くの示唆に富むお話をうかがいました。厚く御礼申し上げます。

本書が、クラブハウスをビジネスに使いこなす参考になれば幸いです。

２０２１年４月

武井一巳

目次

人脈・アイデア・働き方……
ビジネスが広がるクラブハウス

第2章　ファンが増える「プロフィール」「ルーム」作り

第4章　いずれ日本もこうなる！　海外のクラブハウス事情

第5章　ゼロから解説「始め方」「使い方」

本文デザイン・DTP■フジマックオフィス

※本書は、2021年4月14日時点の内容です。

第1章

爆発的人気のクラブハウスの秘密

派手だった日本での幕開け

「面白いんだってね」「誰か招待してくれないかなあ」

インターネットの新しいサービスである「クラブハウス（Clubhouse）」を話題にすると、多くの人がそんな反応を示します。芸能人が話題にしているのを聞いたり、新聞やテレビのニュースでも頻繁に流れていたりして、どんなサービスなのか、何ができるのか、新しいサービスながら気になる人が多いのでしょう。一般の認知度も、急激に高まりました。

認知度について、新しいサービスや商品が、社会のなかでどのように普及するのかを説明した理論に「イノベーター理論」があります。アメリカの社会学者エヴェリット・ロジャーズが『イノベーション普及学』（1962年）で唱えた理論で、商品やサービスは次のように普及するといいます。

まず、「イノベーター（革新者、2・5％）」が最初に使う

次に「アーリーアダプター（初期採用者、13・5％）」に広まる
さらに「アーリーマジョリティ（前期追随者、34％）」に普及する
やがて「レイトマジョリティ（後期追随者、34％）」
最後に「ラガード（遅滞者、16％）」に浸透する

この理論でいえば、2021年4月現在、クラブハウスはアーリーアダプターに広がりつつある、といったところでしょうか。

ところが、一般的にはある程度の時間をかけてサービスや商品が広がり、流行していくのですが、クラブハウスは最初に圧倒的な注目を集め、急激にユーザー数を増やしたのです。

クラブハウスは、2020年4月にアメリカでサービスを開始しました。ユーザー数を伸ばしにくい「招待制」だったため、最初はそれほど広がりませんでしたが、翌2021年1月23日に日本でベータ版（正式版前の試用版）の運用が始まると、瞬く間に脚光を浴び、爆発的にユーザー数を増やしました。米ビジネス誌『ビジネスインサイダー』によれ

ば、その数は20年1月末時点で200万人を超えたそうです。

どのくらい注目を集めたかは、例えば検索エンジンのグーグル（Google）が提供しているグーグル・トレンドを見るとわかります。

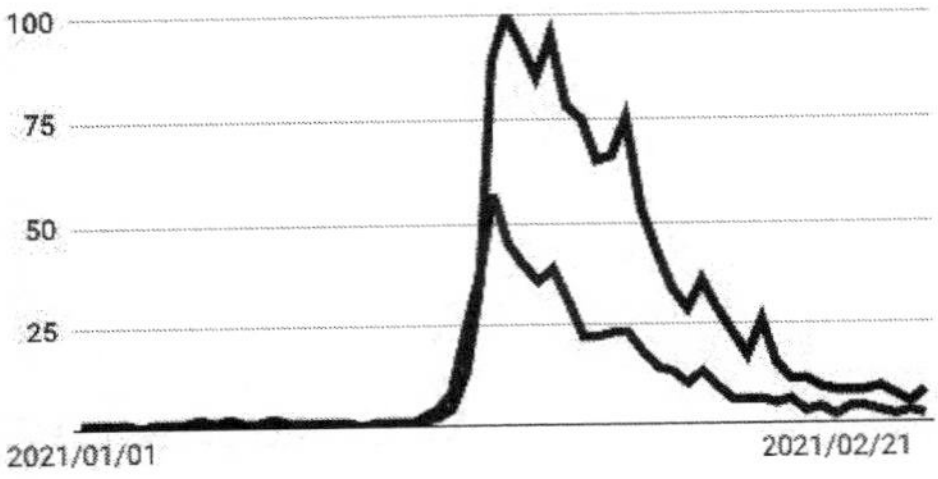

クラブハウスの検索推移（グーグル・トレンドより）

これはグーグルの検索機能で、「クラブハウス」または「Clubhouse」と検索された回数の推移を表したものです。最も検索回数が多かった日を100として、指定した期間の日の検索回数を相対的な数値で表しています。

グラフは2021年1月1日から2月28日までの2カ月間の推移です。「クラブハウス」と「Clubhouse」のキーワードで若干の違いがありますが、どちらも1月30日ごろをピークとして急激に検索回数が増えています。グラフから読み取れるのは、日本ではクラブハウスが1月末に急激に注目されたという点です。

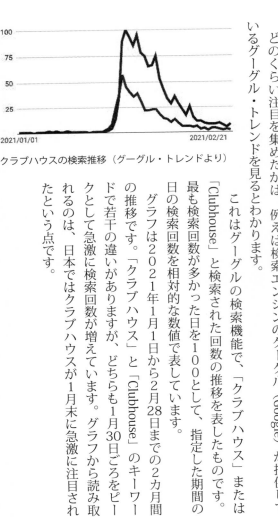

爆発的人気の背景にある「この時代だから」

クラブハウスと似たようなリアルタイム性を備えたツールに、ズーム（Zoom）があります。ズームは、専用のアプリを使ってネット上に会議室を開き、会議室の場所を教えられたユーザーが入室を許可されることで、複数人によるテレビ会議のようなシステムで会話ができるものです。このズームを使う人が２０２０年から急激に増えました。

２０２０年1月から感染拡大した新型コロナウイルスで、日本では同年4月に政府より緊急事態宣言が発令されました。これを受け、多くの企業が導入したのがズームのようなリモート会議システムでした。

東京都が実施した「テレワーク導入率緊急調査結果」によると、従業員30人以上の企業では同年3月時点でリモートワーク（テレワーク）を導入していた企業は24％だったものが、わずか1カ月後の4月には62・7％にまで増加していました。事務・営業職が中心の業種にしぼれば、76・2％の企業がリモートワークを実施していたという結果が出ています。自宅やその近辺から移動していない人や、コミュニケーションをとれていない人が急増したのです。

テレビ会議に使われるズームは、コミュニケーション・ツールとしても使われました。飲み会もズームで行う「ズーム飲み」や、営業自粛を要請されたクラブやスナックによる「ズームスナック」といったサービスを行うところも出てきたのです。

このズーム飲みからも想像できるように、リモートワークや外出の自粛によって、実は人々はリアルタイムのコミュニケーションに飢えていたのです。リアルタイムコミュニケーションは、新型コロナウイルスのパンデミック時代だからこそ、急激な人気になったともいえます。


リアルタイムで会話ができるクラブハウスは、パンデミック時代だからこそ登場し、人気になりました。「ソーシャルディスタンス」や「不要不急の外出禁止」「食事のときも極力会話をしない」といった新たなマナーが普及するなかで、これまでのように人との距離を気にせず、思う存分会話を楽しみたい。それを可能にしたのが、クラブハウスだったのです。ズームのように顔を出す必要がないため、気軽に参加しやすいのも、人気の一端だったのでしょう。

このパンデミック時代で、クラブハウスは出るべくして出てきたコミュニケーションツールだったわけです。

イーロン・マスク、ホリエモン、小嶋陽菜……、著名人の話が聴ける、かも？

クラブハウスを利用すれば有名人や芸能人の話が聴ける、といった期待が持たれていますが、では、実際にどんなユーザーの話が聴けるのでしょうか。

例えば、イーロン・マスク氏。アメリカの実業家にしてエンジニア、投資家としても有名なイーロン・マスク氏は、電気自動車企業テスラの創業者としても知られています。その資産総額は約19兆円にもなるといわれ、２０２１年1月にはアマゾンの創業者ジェフ・ベゾス氏を抜き、一時は世界一の富豪になっています。

そのイーロン・マスク氏が、２０２１年1月31日夜、クラブハウスに登場しました。「The Good Time Show」という番組のルームに出て、火星の話などをしたのです。1つのルームに参加できる上限は５０００人ですが、世界一の大富豪であり実業家である氏の話が直に聴けると話題になり、ルームはあっという間に聴衆で満員になりました。

Follow
HARUNA KOJIMA
@nyan
198k followers 85 following
小嶋陽菜です 話しましょー
Herlipto / heartrelation, Inc. CEO
kojih...unyan
nyan...an22

小嶋陽菜のアカウント

Follow
オードリー・タン (唐鳳 Audrey Tang)
@taiwancanhelp
21.3k followers 14 following
Taiwan's digital minister in charge of Social Innovation, Youth Engagement, and Open Government.
唐鳳は台湾のソーシャル・イノベーション担当のデジタル大臣である。
社会的部門では、"fork the government." （政府の再構築）を合言葉に、市民社会実現の為の創造的ツールに焦点を当てた活気あるコミュニティである g0v（ガバメント・ゼロ）に積極的に貢献している。
au...eyt
digital...inister

オードリー・タンのアカウント

イーロン・マスク氏はクラブハウスを気に入ったのか、２月になると、なんとツイッター（Twitter）でロシアのプーチン大統領に、招待するからクラブハウスで会話しようと誘っています。プーチン大統領はＳＮＳを一切利用していないといわれていますが、この誘いにはロシア政府も興味を示しているようです。近いうちにプーチン大統領がクラブハウスに登場する日がくるかもしれません。

他にも、例えば現代のヒップホップ界を代表するラッパーのドレイク氏や、俳優でありコメンテーターとしても活躍するジャレッド・レト氏、それにフェイスブックのＣＥＯマーク・ザッカーバーグ氏、台湾の若きデジタル担当大臣オードリー・タン氏、スーパーモデルのナオミ・キャンベル氏など、世界的に有名なアーティストや実業家、政治家なども少なくありません。

日本では、芸能人が目立ちます。メディアで最初にクラブハウスを話題にしたのは、元AKB48の小嶋陽菜さんでしょう。クラブハウスが話題になりはじめてすぐ、ツイッターで「クラブハウスやってみた」と発信しています。

同時期には米大リーガーのダルビッシュ有選手や、蓮舫氏、ホリエモンこと堀江貴文氏、モデルでタレントの藤田ニコルさん、お笑い芸人の田村淳氏など、そうそうたるメンバーが会員になっています。

クラブハウスでは、これらの著名人や政治家、芸能人などの話が聴け、ときには話しかけるチャンスさえ持てるのですから、ファンや一般人でもクラブハウスに登録し、楽しんでみたいと思うのも当然です。こんなところからクラブハウス人気が爆発したのです。

あの芸能人のため息が聴こえるほど、近い距離感になれる？

クラブハウスは、スタート時から芸能人や著名人が多く参加していました。音声SNS

というのは、人前で話すことに慣れたユーザーには参入しやすかったのでしょう。

また、芸能人や著名人の場合、ラジオやテレビなどで鍛えられているためか、やはりルーム内で交わされる会話も面白く、まさにラジオ番組を聴いているような楽しさを与えてくれました。

しかも従来のラジオやテレビといったメディアとは異なり、クラブハウスのルームで話されたことは基本的にオフレコ。どこにも出ていないような裏話や本音なども聴けて、一般の参加者にとっては、まさにため息さえ聴こえるほど近い距離感、親密感を与えてくれるものです。

もちろん、ツイッターやインスタグラム（Instagram）でも芸能人などが参加していますが、フォロワーからコメントが付いたり、「いいね」が付くといった目に見える反応が、クラブハウスにはありません。それだけに不用意な投稿で炎上する、といったケースがほとんどないのです。これが芸能人や著名人にとって居心地が良かったのでしょう。

クラブハウスに参加している著名人、芸能人には、次のような人がいます（2021年3月現在　※敬称略、五十音順）。

●芸能人・アーティスト

青山テルマ、浅野忠信、有吉弘行、EXIT・兼近、EXIT・りんたろー。、市川海老蔵、IMALU、ウエンツ瑛士、小倉優子、おばたのお兄さん、オリエンタルラジオ・中田敦彦、オリエンタルラジオ・藤森慎吾、かまいたち・濱家、上地雄輔、きゃりーぱみゅぱみゅ、麒麟・田村、ゲッターズ飯田、小嶋陽菜、小島瑠璃子、指原莉乃、城田優、品川庄司・庄司智春、霜降り明星・せいや、水道橋博士、スガシカオ、高橋みなみ、武井壮、田中聖、田村淳、チュートリアル・徳井、チョコレートプラネット・長田、チョコレートプラネット・松尾、つるの剛士、ノンスタイル・井上裕介、バカリズム、橋本環奈、原口あきまさ、ハリセンボン・近藤春菜、藤田ニコル、松任谷由実、松丸亮吾、みちょぱ、宮迫博之、メンタリストDaiGo、安田大サーカス・クロちゃん、安田大サーカス・団長、山田孝之、ゆりやんレトリィバァ、横澤夏子、リリー・フランキー、若槻千夏、渡辺直美など。

●著名人

秋元康、秋元里奈、いとうせいこう、井上公造、落合陽一、乙武洋匡、勝間和代、武田双

著名人のフォローしているユーザーを見て、著名人を探す

検索機能で著名人を検索する

雲、蜷川実花、野口悠紀雄、はあちゅう、古市憲寿、堀江貴文、前澤友作、茂木健一郎、与沢翼、蓮舫など。

●アスリート

安藤美姫、池江璃花子、上原浩治、大友愛、木村沙織、ダルビッシュ有、那須川天心、室伏広治、村上佳菜子など。

●ユーチューバー

てんちむ、はじめしゃちょー、HIKAKIN、フワちゃんなど。

他にもたくさんいますが、気になる人、ファンになっている人などがいれば、フォローしてみるといいでしょう。

著名人や芸能人などのアカウントを探すには、クラブハウスのホーム画面左上の検索機能を利用するといいでしょう。日本語の検索にも対応していますから、自分の好きな人の名前を記入して検索します。

検索したユーザーがヒットしたら、今度はそのユーザーのプロフィール画面で「Following」をタップ。つまりそのユーザーが誰をフォローしているかを見ます。そのフォローしている人のなかには、あなたが気になる人もいるでしょう。そんな人が見つかったら、その人のプロフィール画面に移動し、「Follow」ボタンをタップしてフォローします。

こうして数珠つなぎ式にフォローしている人をたどっていけば、著名人や芸能人ならすぐにたくさん見つかります。

クラブハウスとは何か？　キーワードは「喫茶店」「カラオケ」

これほど爆発的に注目されたクラブハウスとは、どのようなサービスでしょうか。クラブハウスをひと言でいえば、「音声ＳＮＳ」です。

ＳＮＳとは、ソーシャル・ネットワーキング・サービスで、登録した利用者同士がネット上で交流できる会員制のサービスのことです。友人や知人、気になる会員などを「フォロー」することで、互いの投稿が読めたり、コメントしたりして、会員同士がネット上で交流することができます。クラブハウスも同じく、サービスに登録したユーザーが、他のユーザーをフォローすることで、会員同士が交流することができます。

従来のＳＮＳ、つまりツイッターやフェイスブック（Facebook）などでは、会員が書き込んだテキストをフォロワーが読み、さらに投稿にリアクションやコメントなどを書き込むことで、会員同士の交流が行われます。

インスタグラムも同じ、会員がアップロードした画像などを、フォロワーが閲覧し、リアクションやコメントを書き込んだりして会員同士の交流が行われます。スマートフォン（以下、スマホと略記）やパソコンなどの画面に表示されるテキストや画像といったものを介して、会員同士がコミュニケーションをとります。

一方、クラブハウスは、文章ではなく、音声によって交流します。そのため「音声ＳＮＳ」と評されているのです。

まだ使ったことがないユーザーにはピンとこないかもしれませんが、クラブハウスでは、会員なら誰でもルーム（room）と呼ばれる場を作り、ここで話をしたり音楽を流したり、または、聴いたりすることができます。このルームにタップひとつで出入りができ、ルームの主催者によって許可されていれば、聴くだけでなく会話に参加することができます。

簡単にいうと、喫茶店やパーティー、カラオケに集まり、わいわいと話をしたり、歌を歌ったり、あるいはディスカッションをしたりする場面を想像してみてください。これを世界中のあらゆるところでできる――それがクラブハウス（音声ＳＮＳ）なのです。

これまでのＳＮＳでは、テキストや画像を編集してアップロードする、といった手間が必要でした。さらにフォロワーからの反応がなかったり、即座に届かなかったりします。

ところが、クラブハウスは音声のため、思ったことをすぐに伝えることができ、しかも、反応がリアルで即座に返ってきます。

そのため、人に伝わるようにテキストを書くスキルや、写真（画像）を作る・編集するスキルが必要でした。しかし、クラブハウスでは「会話」でいいのです。

そして、従来の雑談・会議・ライブ・プレゼンが、クラブハウスによってネットでできるようになったのです。

「どこで」「誰が」「どのように」開発されたかで見えてくること

クラブハウスは、ネット上での会話ですが、あまりズレを感じることがなく、実際に対面している会話に限りなく近いものになります。

テレビ電話やウェブ会議なら、顔も表示されて会話や会議を行えますが、その分、通信量が増えるため、ズレが発生することがあります。これらのサービスや機能から、顔を表示させる機能を省いたものと考えていいでしょう。

このまったく新しい音声SNSを開発したのは、米サンフランシスコのアルファ・エクスプロレーション（Alpha Exploration Co.）というスタートアップ企業です。創業者は、ポール・デイヴィソン氏とローハン・セス氏という2人の人物です。ポール・デイヴィソン氏は、いくつかの企業を設立しては売却する連続起業家として知られ、ローハン・セス氏は元グーグル社のエンジニアでした。

この２人によって２０２０年２月にアルファ・エクスプロレーションが設立され、中国の上海にあるアゴラ（Agora）社から「ＡＰＩ」の提供を受け、20年４月からクラブハウスのサービスを提供しています。

ちなみにＡＰＩというのは、ソフトウェア同士が互いに情報をやりとりするときに使用する、いわばなくてはならない部品のようなものと考えていいでしょう。

クラブハウスというアプリは、音声プラットフォーム部分はアゴラ社を利用し、音声データのホスティング（データを預かり各種機能を提供するサービス）やネット上の配信部分も、アゴラ社のものを利用しているといわれています。

この中国企業のＡＰＩを利用していることで、クラブハウスにはセキュリティ上の問題があるともいわれています。クラブハウス内での会話が中国に送られ、中国政府がこれらのデータを収集・分析する、といったことも理論上では可能なのです。

20年４月に開始されたクラブハウスは、最初はわずかなユーザーのみで試験的に運用されていましたが、同年８月にはアイフォーン（iPhone）やアイパッド（iPad）のアプリが配布されているアップル社のアップストア（App Store）のアメリカ向けストアで配信。さらに翌21年1月23日から日本向けアップストアでも配信され、急激にユーザー数を伸ばし、爆発的な人気となりました。

クラブハウスは、スタートしたばかりの20年5月には1億ドル（約107億円）の時価総額の調達を発表。翌21年1月には、大手総合情報サービス企業のブルーグバーグによれば、ツイッター社がクラブハウスに40億ドル（約4350億円）で買収を持ちかけたとも報道されています。

社員数わずか20人ほどで、しかも設立1年目の企業です。いかに音声SNSが注目されているかよくわかります。

音声メディア全盛時代に、生まれるべくして生まれた？

世界で初めての「音声SNS」「新世代SNS」――クラブハウスは、さまざまな言葉で表現されています。クラブハウスのような音声メディアをさかのぼっていけば、ラジオやポッドキャストに行き着きます。

ラジオは、音声メディアのなかで最も古いメディアです。１９０６年12月24日に、米マサチューセッツで初めてラジオ電波が送信されて以来、ラジオは音声メディアの最先端でした。

テレビ放送が全盛となると、音声メディアであるラジオ放送の人気は下火になりましたが、代わって登場したのがインターネットを利用した「ネット・ラジオ」です。世界中のさまざまな放送局が、ネットを通じてラジオ番組を放送しています。

さらに２０００年代に入ると、ネットで音声を配信する仕組みとして、ポッドキャスト（podcast）が登場しました。ポッドキャストというのは、ウェブ上に音声データなどをアップロードしておき、これをＲＳＳ（サイトの更新情報を配信するためのフォーマット）で公開。このＲＳＳを受信し、専用のアプリで開くと、音声データなどの番組が聴けるというものです。

最初はウェブで、その後アップル社のアイチューンズ（iTunes）を通じてアイポッド（ipod）やアイフォーンなどで広く親しまれてきました。当初は個人による配信が多かったのですが、現在では商用ラジオ局が番組を流したり、著名人の講演、語学番組など多彩な番組が公開されています。

さらに最近では、このポッドキャストをスポティファイ（Spotify）などの定額制音楽配信サービスが積極的に取り入れ、アーティストの楽曲とともにポッドキャストの配信にも力を入れてきています。

このような音声メディアの歴史を下敷きとして、クラブハウスのような音声SNSが出現してきたわけです。

では、「ポッドキャストとクラブハウスの違いは？」というと、クラブハウスでフォローしている相手の会話を聴いているだけなら、ポッドキャストで配信される番組を聴いているのとほとんど変わりません。

しかし、ポッドキャストは従来のラジオと同じく、一方通行の配信型コミュニケーションです。クラブハウスは、ユーザー間の「双方向コミュニケーション」を実現したものです。

この双方向の音声コミュニケーション・サービスは、クラブハウス以外にもWave、Spoon、Goodnight、Yay!、riffrなどいくつものサービスがスタートしてきています。ポッドキャスト型の音声配信サービスから、クラブハウスのような双方向コミュニケーション型へと、音声メディアが大きく変化しようとしているのです。

コロナ禍によって制限されたリアルな会話を、新しい技術を利用してインターネットで実現したのがクラブハウスです。だからこそ、今人々はクラブハウスに熱狂し、やがてこの双方向の音声メディア、音声SNSが、ニューノーマル（新しい常態）として定着していくと確信できるのです。

耳は自由だから〝何かしながら〟で気になる情報をキャッチ

まったく新しい音声SNSですから、クラブハウスをどのように使うかは、規約に違反しない限り自由です。まだ始まったばかりのため、多くのユーザーが試行錯誤して、楽しい使い方や便利な使い方、ビジネスに結びつくような使い方を模索しています。

例えば、「気楽に雑談」をしている芸能人もいれば、「趣味の話題で盛り上がる」ルームもあります。アーティストのなかには、「新曲を流してプロモーションの一環」として利用している例もみられます。

あるいは、「社会問題をテーマに議論」をしているルームもあれば、毎日集まって、まるで「居酒屋で常連がわいわい雑談」しているようなルームもあります。「株の話」をしたり、「スタートアップ企業の動向を紹介」したり、あるいは「新事業のアイデアを議論」しているルームもあります。「医療系関係者が、悩みを抱えている人の相談」にのったり、1人ずつスピーカーに設定して、「占い」をしているルームもあります。

どんなルームがあり、どんなことが話題となっているか、時々刻々と変化しています。実際にいくつものルームに参加してみて、クラブハウスがどのような可能性を持っているのか判断してみるといいでしょう。

コミュニケーションの手段が会話ですから、気軽といえば気軽です。しかし、それだけに知らない人と交流するのはそれなりにテクニックが必要になってきます。

そのため、クラブハウスの使い方は、知人や著名人、芸能人、アーティストといったユーザーをフォローし、これらのユーザーが開いたルームに入って、やりとりされる会話を聴くのが主流になると考えられます。

聴くだけですから、別のことをやっていても楽しめます。「料理しながら」「部屋の掃除をしながら」、あるいは「運動しながら」「散歩しながら」「仕事をしながら」「電車で通勤しながら」……、など、「ながら聴き」で楽しめるのがクラブハウスのメリットです。

好きなアーティストの音楽を聴くように、好きな芸能人や著名人たちが交わしている会話を、別のことをやりながら聴き流すことができるSNSです。このスタイルで利用できるからこそ、クラブハウスがさらに広まる可能性も高いのです。

例えば、ズームを使った面接のとき、画面越しではビシッとスーツを着ているように見えて、下半身はパジャマ、なんていう笑い話もありますが、クラブハウスを使っている人は何をしていても関係ないのです。

個人ラジオとして楽しむ！　人気ルームの探し方

クラブハウスは個人ラジオのようなもので、人気のルームはそれなりに理由があります。実際に参加してみるとどんなテーマやどんな問題が起こっているのか、時代の雰囲気のようなものが感じられるかもしれません。

ルームの人気というのは、そのルームの参加者がどのくらいいるのかがひとつの目安に

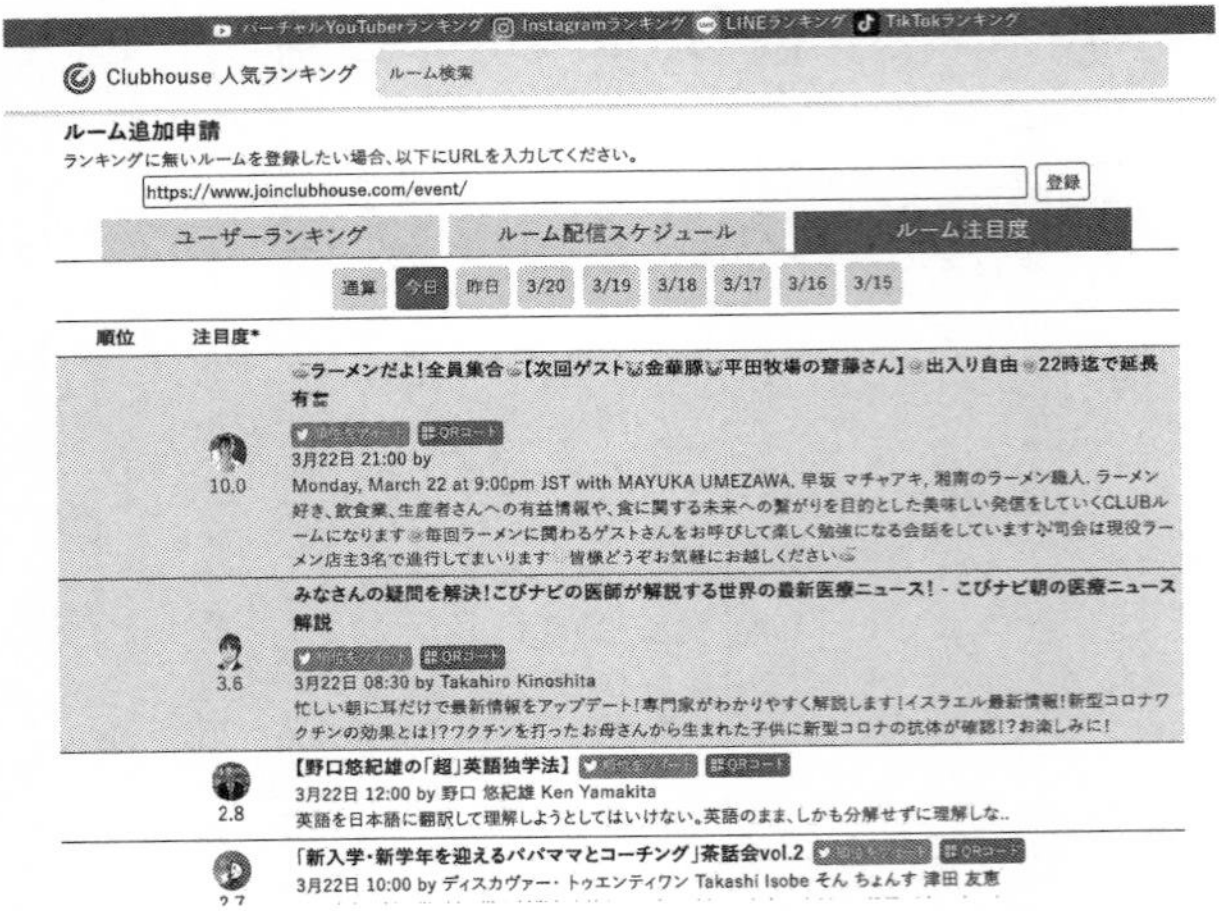
バーチャルYouTuberランキング Instagramランキング LINEランキング TikTokランキング
Clubhouse 人気ランキング
ルーム検索
ルーム追加申請
ランキングに無いルームを登録したい場合、以下にURLを入力してください。
https://www.joinclubhouse.com/event/
登録
ユーザーランキング
ルーム配信スケジュール
ルーム注目度
通算 今日 昨日 3/20 3/19 3/18 3/17 3/16 3/15
順位 注目度*
ラーメンだよ!全員集合【次回ゲスト金華豚平田牧場の齋藤さん】出入り自由 22時迄で延長有
QRコード
3月22日 21:00 by
10.0
Monday, March 22 at 9:00pm JST with MAYUKA UMEZAWA, 早坂 マチャアキ, 湘南のラーメン職人, ラーメン好き、飲食業、生産者さんへの有益情報や、食に関する未来への繋がりを目的とした美味しい発信をしていくCLUBルームになります 毎回ラーメンに関わるゲストさんをお呼びして楽しく勉強になる会話をしています司会は現役ラーメン店主3名で進行してまいります 皆様どうぞお気軽にお越しください
みなさんの疑問を解決!こびナビの医師が解説する世界の最新医療ニュース! - こびナビ朝の医療ニュース解説
QRコード
3.6
3月22日 08:30 by Takahiro Kinoshita
忙しい朝に耳だけで最新情報をアップデート!専門家がわかりやすく解説します!イスラエル最新情報!新型コロナワクチンの効果とは!?ワクチンを打ったお母さんから生まれた子供に新型コロナの抗体が確認!?お楽しみに!
【野口悠紀雄の「超」英語独学法】 QRコード
3月22日 12:00 by 野口 悠紀雄 Ken Yamakita
2.8
英語を日本語に翻訳して理解しようとしてはいけない。英語のまま、しかも分解せずに理解しな..
「新入学・新学年を迎えるパパママとコーチング」茶話会vol.2 QRコード
3月22日 10:00 by ディスカヴァー・トゥエンティワン Takashi Isobe そん ちょんす 津田 友恵

Clubhouse人気ランキングのページ。https://clubhouse-ranking.userlocal.jp/

なります。ホーム画面には、実際に開催されているルームの詳細が掲載されていますが、ここに参加者数も表示されるので、目安にしてみるといいでしょう。

もっと本格的に人気のあるルーム、注目されているルームを探すなら、ユーザーローカルという企業が掲載している「Clubhouse 人気ランキング」というサイトを閲覧してみるのもいいでしょう。

多くの企業や官公庁の業務効率化、マーケティングの支援などを行っている東証一部上場企業ですが、この企業のサイトに刻々と変わっていくクラブハウスのユーザー、ルーム配信スケジュール、ルーム注目度といったデータのランキング

が掲載されています。

本書執筆時の注目ルームには、「ラーメンだよ！　全員集合」「みなさんの疑問を解決！　こびナビの医師が解説する世界の最新医療ニュース」「野口悠紀雄の『超』英語独学法」などのルームが並んでいました。

このページの「注目度」という欄には、他のSNSやニュースサイト、ソーシャルブックマークなどでのルームの紹介回数を推計した値が掲載されており、現在どんなテーマのルームが注目されているかがわかります。

こんなサイトも利用しながら、自分の興味あるテーマのルームを探し、あるいは気になるユーザーをフォローして、クラブハウスを楽しんでみるといいでしょう。

「オススメの使い方」「危険な使い方」

これらのルームに訪れて聴くだけでも、テレビや新聞、ネットにない生の情報に出会えるため、使いこなせているといえます。

ただし、このアプリの魅力のひとつは自分でルームを開くことにあります。ルームを開いて集まってきた人と雑談や会話をしてみると、これまでのSNSとは違った可能性があることに気づくことでしょう。会話によっては、新しいビジネスに結びついたりすることもあるのです。

ルームを開設するなど、自ら動いてコミュニケーションをとったり、会話が苦痛だと感じない人なら、クラブハウスに向いているといえます。

ただし、留意してほしいのが、ただルームをやみくもに開設しても、人は集まりにくいのです。ルームのテーマやプロフィール、告知など、下準備を戦略的にしないといけません。

ツイッターで、ただ「〇〇なう」や「〇〇と思った」とつぶやいても、反応がないのと同じです。

また、見知らぬ人の話にすぐ感化されてしまうような人は、ほどよい距離をとる必要があります。というのも、すでにクラブハウスでは「新しいビジネスへの勧誘」や「怪しげな商品をすすめる」ようなルームも、ちらほら見かけるようになりました。

クラブハウスは、「あなただけ特別」という雰囲気があります。会員登録でもそうでしたが、招待された限られた会員が、リアルタイムのこの時間に、このルームを訪れた人だけ特別、といった錯覚を起こさせるような雰囲気があるのです。詐欺師にとっては、クラブハウスはカモが集まる絶好の装置と思うかもしれません。

クラブハウスには、そんな危険性もあることをよく理解し、自分なりの使い方を探るといいでしょう。本書をそのヒントとしても使ってみて下さい。

次に、他のＳＮＳにないクラブハウスの特徴を説明します。

特徴①「アイフォーンだけしか使えない」に、隠された意図とは？

クラブハウスのもうひとつの大きな特徴は、現在（21年4月）は、まだアップル社のスマホやタブレット用のアプリしか配布されていない点です。開発元のアルファ・エクスプロレーション社からは、スマホのもうひとつのＯＳであるアンドロイド（Android）向けのアプリの開発も進めているとアナウンスがあり、いずれアイフォーンだけでなくアンドロイド系のスマホでもクラブハウスを利用できるようになると期待されています。

アンドロイド用のアプリがなく、まだアイフォーンを利用するユーザーしか使えないということには、実は大きな意味があります。

世界で流通しているスマートフォンの基本ソフトは、大別すれば「アップル社のｉＯＳ」と、「グーグルが中心になりオープンソフトウェアとして開発されているアンドロイド」とに二分されています。

オープンソフトウェアというのは、ソフトウェアの元となるプログラムが公開されており、これを利用したり、改良して使ったり、といったことが許可されているソフトウェアです。

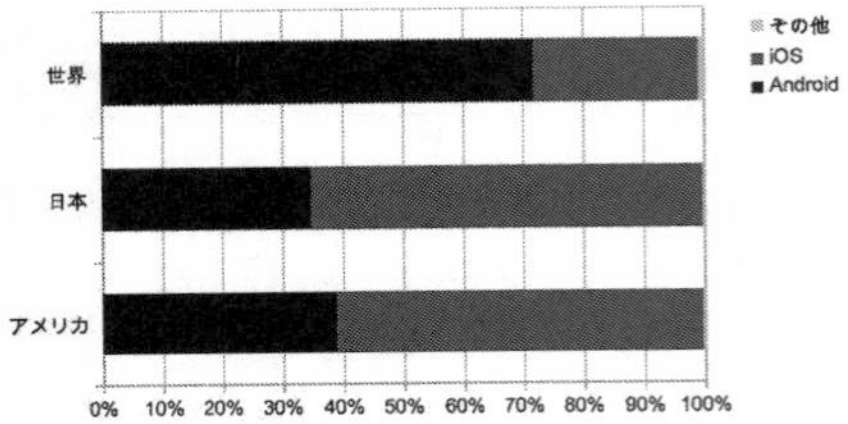

2021年2月末のスマホのOS別シェア（StatCounterより作成）

オープンソフトのため、実は世界中ではｉＯＳのスマホ、つまりアイフォーンよりも、アンドロイドをＯＳとするスマホのほうが、ずっと多く普及しているのです。

アイルランドに拠点を置くスタットカウンター社(StatCounter)が、全世界で提携しているウェブサイトから毎月送信されるデータを元に、さまざまな統計数値を公開していますが、このスタットカウンターの２０２１年2月現在の数値では、スマホのＯＳ別シェアは前ページのグラフのようになっていました。

グラフからもわかるように、世界ではアンドロイドが全体の72％で、アイフォーンが27・３％と、圧倒的にアンドロイドスマホが多いのに対し、日本やアメリカではアイフォーンが全体の60～65％を占めています。アメリカや日本は世界の傾向とは大きく異なっているのです。

iOS版のクラブハウス画面

スマホ向けのアプリを作成する場合、世界中のより多くのユーザーを対象にするなら、まずアンドロイド向けアプリの開発を行うほうが効率的です。ところがクラブハウスでは、まずアイフォーン向けのアプリを出してきました。なぜでしょうか。

アイフォーンはアンドロイドスマホより

も高額な傾向がありますが、スマホにお金をかけている、いわば〝意識高い系〟ユーザーの自尊心をくすぐっているといってもいいのです。クラブハウスが、まずＩＴ業界や意識高い系ユーザーに注目され、人気になったのは、こんなところにも要因があると考えられます。

なお、クラブハウスを利用するアプリはｉＯＳ用しか配信されていませんが、実はユーザーによってアンドロイド用のアプリが作成され、配信されています。まだ試用版の域ですが、どうしてもアンドロイドで使ってみたいというのなら、自己責任ですがネットで探して利用してみるといいでしょう。

特徴②「今から始める！」ができない、招待制の秘密

アイフォーンでしか使えないクラブハウスですが、さらに、すでに会員になっているユーザーから招待される必要があります。この「招待制」も大きな特徴のひとつです。

これまでのＳＮＳでは、利用するためにはメールアカウントやパスワードを設定し、サービスに会員登録することで、その機能やサービスを利用できるものがほとんどでした。

サービスが始まり、興味があれば誰でも会員登録し、すぐに利用できたのです。

ところが、クラブハウスでは知人や友人にクラブハウスの会員がいて、このユーザーから「招待」されない限り、クラブハウスに会員登録もできなければ、もちろんサービスも利用できないのです。

さらに、クラブハウスの会員１人が招待できるユーザー数は、当初はわずか２人までした。もちろん、１人のユーザーが２人の友人を招待し、次に２人のユーザーがそれぞれ２人ずつ招待し……、とネズミ算式に会員数が増えていくため、待っていればそのうち友人や知人から招待してもらえるはずです。

ところが、日本でクラブハウスが始まると、早く招待してもらおうとさまざまな動きがありました。例えば、ツイッターや他のＳＮＳなどに招待してほしいという書き込みがあふれたのです。あるいは、クラブハウスの招待枠がメルカリやヤフオクなどのオークションサイトなどに出品され、１０００〜５０００円、ときには１万円程度の値で取り引きされました。

新しいＳＮＳでは、早く始めたユーザーほど、流行に敏感な人といったイメージがあります。また、SNSをビジネスに利用しようと思えば、早くから始めるほど先行者利益を得やすいという傾向もあります。そのため、早く使いたい、招待されたいと思った人が多かったのでしょう。

実はこの「招待制」が曲者で、友人から早く招待されたことで、自分が有名人の仲間入りをしたような錯覚を起こさせたり、周囲の人に先駆けてユーザーになれたことで特別感を刺激されたりするのか、これも人気に拍車をかけたようです。

クラブハウスには芸能人や有名人も参加しており、これらのユーザーの話を聴くことができます。この特別感、プレミア感といったものが、日本で爆発的にクラブハウス人気が高まった大きな要因ではないでしょうか。

なお、登録時は1人の会員が招待できるのは2人だけですが、クラブハウスを利用した日時や、他のユーザーのルームに入って話を聴いたり、あるいは自分でルームを作ってモデレーター（司会者のようなもの）をやったりすると、招待できる人数が増えていきます。

特徴③　オフレコ・ルールがつくる特殊な雰囲気とは？

クラブハウスでは芸能人や有名人といったユーザーの、他では聴けない話が聴けるため、これを録音して、あとからじっくり聴いてみたい、といった要望があるでしょうが、クラブハウスアプリには話を録音する、といった機能がありません。もちろん、他のアプリと組み合わせて話を録音すること自体は可能です。

しかし、クラブハウスの利用規約（英語）を見ると「スピーカーとなるユーザー全員の同意を取らない限り録音を禁止する」と書かれています。また、録音だけでなくメモとして記録するといったことも禁止されています。

さらに、「オフレコ」として明示された話は、クラブハウス内でも別の場所でも、他のユーザーと共有してはならない、という制限があります。

オフレコというのは、公表したり記録にとどめないという意味です。リアルの場では、会社内でも、あるいは取引先との会議でも、さらに居酒屋で飲んでいるときでも、「ここだけの話、オフレコなんだけどさあ……」などと前置きして、噂話や裏話などを話すことがあります。

互いの信頼関係があってはじめてオフレコの話ができるのですが、クラブハウスでは、この禁止事項を信頼関係として成り立たせています。

「人の口に戸は立てられぬ」、オフレコ話も漏れるもの、などと気軽に考えてはいけません。実はクラブハウスでは、録音していることがバレたり、オフレコ話が他に漏れたりといった悪質行為が判明した場合、その会員のアカウントが停止されるだけではなく、そのユーザーを招待したユーザーのアカウントも連帯責任で停止される可能性があるのです。

この録音の禁止やオフレコによって、クラブハウスでは気軽に話ができる、といった安心感もあります。逆に利用者には、有名人や芸能人などのどこにも出ていないオフレコ話が聴けるかもしれない、といった期待もあります。これらがクラブハウスの大きな魅力のひとつともなっているのです。

特徴④　ややこしい機能が少なく、シンプルで簡単？

くり返しになりますが、クラブハウスは、現在はまだアイフォーンまたはアイパッドでしか利用できず、しかも参加するためにはすでに会員になっているユーザーから招待される必要があります。また会員になるためには18歳以上という制限もあれば、ルーム内で話された内容を記録したり録音することも禁止されているなど規約もあり、不自由さがあります。

そんな制限がありながら、クラブハウスが爆発的な人気となったのはなぜでしょうか。それはクラブハウスに参加すれば、「有名人と交流できるかもしれない」といった期待を感じられたからだと考えられます。

クラブハウスには、早くから著名人や芸能人、アーティストなどがユーザーになり、テレビやラジオなどに出演してクラブハウスの話で盛り上がったりしていました。そんな番組や発信を目にして、自分もそんな有名人や芸能人と交流できるのではないか、と一般の人が考えてもおかしくありません。クラブハウスにはそんな機能があるからです。

クラブハウスのルームでは、部屋を開いた人（「モデレーター」）と、このモデレーターが話せるように設定した「スピーカー」の会話が流れてきます。それ以外の人は「リスナー」といい、モデレーターやスピーカーの話が聴けるだけです。

アプリには挙手機能もあり、挙手したリスナーをモデレーターが許可すればスピーカーにできて、話に参加させることもできます。大雑把にいえば、クラブハウスの機能はこれだけ。非常にシンプルです。

しかし、ルームによっては挙手してもすぐスピーカーにあげるとは考えにくく、有名人との交流は難しいのが実情です。

自分がスピーカーになったり、モデレーターとして開いたルームに、何かの偶然で著名人や芸能人が入ってくることもあるでしょう。そして彼らをスピーカーに設定して会話する……、といったこともないとは言い切れません。

そんな、著名人と会話ができる偶然を期待するよりも、気になるテーマのルームに入って聴いたり、テーマを決めてルームを立ち上げ、雑談や議論をしたり、などといった地に足の着いた使い方のほうが、この新しいＳＮＳの利用法といえるでしょう。

なぜ、夢見てSNSを始めても、挫折する人が多いのか

そもそも、なぜ、SNSに興味や関心が集まるのでしょうか。ひとつは、SNSが世論に影響力を持ち、ビジネスを左右するようになったことが大きな要因でしょう。

例えば、それまでニュースやビジネス・ハウツー、暮らしの知恵などは、テレビや新聞など、マスメディアの専売特許でした。しかし、ブログやツイッター、インスタグラムなどで、個人で仕入れた情報を発信することにより、それまでマスメディアしかできなかったことができるようになったのです。

さらに、多くのフォロワーを集め、影響力を持った人はインフルエンサーと呼ばれ、注目される存在になれば、広告を掲載したり、商品を紹介したりすることによって、サラリーマンの何倍もの金を稼げることもあります。

それほどの規模ではなくとも、ブログに広告を貼り付けるだけでちょっとした小遣い稼ぎができ、インスタグラムで商品を紹介して収入を得る。そんな副業感覚でSNSを利用しているユーザーも少なくありません。

決定的だったのは、人気ユーチューバーになれば、年収が1億円を超えるケースが出てきたことです。小学生のなりたい職業の上位にユーチューバーがランクインした現象には衝撃が走りました。

さらに、2020年1月からのコロナ禍により、テレビやライブ出演が減った芸能人やパフォーマーなどは、収入源を失うことになりました。そこで、人気ユーチューバーの成功に続けと、余暇をユーチューブにあてるようになったのです。

しかし、いまやユーチューブは先行者利益がなくなり、ヒットしたコンテンツの二番煎じ、三番煎じが常態化した有象無象の世界。動画視聴回数を争うレッド・オーシャンといえます。流行に乗り遅れた人ほど、ライバルが多く、得られる利益は少ないでしょう。

その後悔もあってか、クラブハウスが配信されたと同時に、誰よりも早く始めて攻略し、より多くのフォロワーを集めて利益に繋げたい、と多くの人が考えたのでしょう。

ただし、新SNSの攻略は、それまでの経験がすべて活きるわけではなく、また、多少の手間でできるものではありません。

例えば、文章が得意だからとブログを始めても、読者が求めているのはケータイ小説などの手軽に読めるものだったり、真新しいニュースやためになる情報よりも、共感する文章、刺激的な内容だったりしないと読まれないなど、手軽に始めてうまくいくものではないのです。また、ユーチューブで求められているのは懇切丁寧に作られたテレビのような番組ではなく、台本のない素のハプニングがウケていたりします。

クラブハウスでは、ユーザーに何が求められているのか、それをつかめない限り、ビジネスに広がらないのは確かです。逆に、それがつかめる人からブルー・オーシャンの利益を手にできるといえます。ちなみに、キーポイントは「これまで聴いたことない気軽なラジオ」だと考えられます。本書にはそのヒントを収録しています。

「クラブハウス疲れ」……、先行者利益は、実はその先にあった！

日本でクラブハウスが人気になってから約1カ月で、「クラブハウスに疲れた」といった声が聞こえてきました。さまざまなSNSが乱立すると、つまらないものは衰退するのも早いのですが、それにしても早すぎます。

なぜ、これほど早くクラブハウス疲れが出てきたのでしょうか。

結論からいえば、クラブハウスがリアルなコミュニケーションの世界だからです。

これまでのSNSは、メッセージやコメントを書き込んでも、フォロワーや投稿者がこれを目にするまでタイムラグがありました。ツイッターのように即座に反応することもありますが、たいていは早くても数分後、多くは数時間、数日後に目にして、即座に返事やコメントを送った、といった程度のリアルタイム性です。

ところが、クラブハウスはルームにいてスピーカーに設定されていれば、発言に相手が即座に反応して返事ができます。このクラブハウスのリアルタイム性は、居酒屋や喫茶店、あるいは社内の席などで実際に顔を合わせて会話しているのと何ら変わりません。

電話でも、相手の発言に即座に反応した会話を行えますが、電話はほとんどが1対1のコミュニケーションです。リモート会議用ツールのズームでも、リアルタイムのコミュニケーションが可能でした。

しかし、クラブハウスでは「多数の見えない、知らない人が相手」で、「コミュニケーションは声だけ」、さらに、「リアルタイム」なので、実際の会話やイベント、講演会よりも、コミュニケーション能力を要するのです。

さらに、聴取者を集めるためには、従来よりさらに「トーク力」が必要になり、また場を仕切る力である「ＭＣ力」が求められます。

そんな能力が求められるクラブハウスだけに、何度かルームを開いてトークを展開するのは、慣れていないと大変な苦労でしょう。早くからクラブハウスを使い、インフルエンサーになって先行者利益を得ようと考えていた芸能人や著名人、あるいは一般のユーザーも、すぐにこの大変さに気づきます。下手をすると自分の商品価値を下げてしまう「逆ブランディング」の危険性もあり、強い緊張感を強いられるのです。

「クラブハウス疲れ」は、コンテンツ作りの難しさからきているものだと考えられます。クラブハウスもユーチューブのように、今後はうまくルーム作りをして聴衆を集めるインフルエンサーと、見るだけ、聴くだけの受け身ユーザーとに二極分化していくのだと考えられます。

そのため、早くに使い慣れてスキルを身につけていく人ほど、先行者利益を得られるといえるのです。

ビジネスに期待できる「3つの利益」と「3つの必須スキル」とは？

SNS自体がビジネスを展開できるようにさまざまな機能やサービスを取り入れ、ビジネスユースのユーザーに向けて発展してきました。人が集まるところには、何らかのビジネスが立ち上がるのです。

その好例がインスタグラムであり、ユーチューブです。

掲載した写真が人気になり、人気になったユーザーがインフルエンサーとなり、インフルエンサーが商品を紹介したり、広告を出したりすることで、ユーザーの収入に繋がっていました。人気を集めるために、「映《ば》える」写真を掲載し、インスタ映えなどといった言葉さえ生まれ、社会現象になりました。

ユーチューブはもっとはっきりしています。動画に広告が入り、その広告が表示された回数によって収益が発生します。また、ユーザーはそのためにバズる動画を作る必要があり、ユーチューバー向けの専門学校や講座、あるいはユーチューバーを支援するプロダクションさえ生まれました。

クラブハウスではどうでしょうか。新しいSNSだけに、ビジネスに活用して収益が上がるといったモデルケースはまだ確立されていません。ただし、クラブハウスの特徴を考えると、次の3つがキーポイントとなります。

●セレンディピティ
●自己ブランディング
●自己メディア化

「セレンディピティ」とは、「偶発的な出来事から、大切なことや本質的なことを学びとること、あるいはその能力」（「知恵蔵mini」より）といった意味で、ビジネスにおいては新商品の開発など、斬新なアイデアを生む力といわれています。クラブハウスはさまざまな業種や考え方、年代の人たちが集まる可能性があるので、セレンディピティが生まれやすい場として使うことができます。

また、「自己ブランディング」としても効果を発揮することでしょう。会話によって、自分や商品、グループなどを表現できるからです。

最後に、自分がラジオＤＪのようになれて、影響力がともなうと「自分だけのメディア」をつくれます。もしくは、音楽奏者や声優、芸人などであるなら、そのスキルを音声にのせてライブ配信ができます。

ビジネスの可能性やマネタイズは、詳しくは第３章で解説します。


しかし、誰もが利益を享受できるものではなく、ただクラブハウスを行うだけでビジネスに発展することなどありません。なぜなら、フォロワーが増えなければ、ルームに人が来ないからです。ではどうすれば、フォロワーが増えるのでしょうか。クラブハウスを使いこなすうえで、特に求められるスキルを３つ紹介します。

①会話力
②ＭＣ力
③コンテンツ力

①「会話力」は、言わずもがなでしょうか。「わかりやすい話し方」「伝わる言葉」であったり、「聴く姿勢」「質問やリアクション」が大事になってきます。例えば、ディスカッションのルームを作ったのに独演会になっては、フォロワーは減ることになります。

②「MC力」は、「多くの人が発信する」「双方向のSNS」となるために必須能力です。「飽きさせない」「しゃべれない」「話題がつまらない」となることを回避するために、その場を仕切るこのスキルが必要なのです。

③「コンテンツ力」のように、ユーザーが「聴いてみたい」「参加してみたい」と思えるようなコンテンツを提示できないと、ルームに入る人は少なく、フォロワーが増えることはないでしょう。

特に「会話力」「MC力」については話し方のスキルにかかわってきますので、そうした本を参考にして頂ければと思います。本書では、主に③「コンテンツ力」について解説します。第2章では、クラブハウスを使いこなす人だけが得られる利益と、ビジネスに広がる可能性を紹介します。

その前に、次ページに、実際にクラブハウスを使いこなす2人の特別インタビューを掲載します。落合陽一氏と秋元里奈氏に、その使い方の秘訣をうかがいました。

【特別インタビュー①】

ファンにプロダクト（製品）について語ってもらう。そんな井戸端会議をプロデュースするマーケティングにむいている

メディアアーティスト

落合陽一

メディアアーティスト。1987年生まれ。東京大学大学院学際情報学府博士課程修了。筑波大学デジタルネイチャー開発研究センター センター長、准教授・JST CREST xDiversityプロジェクト研究代表。「デジタルネイチャー（PLANETS）」、「2030年の世界地図帳（SBクリエイティブ）」など著書多数。「物化する計算機自然と対峙し，質量と映像の間にある憧憬や情念を反芻する」をステートメントに、研究や芸術活動の枠を自由に越境し、探求と表現を継続している。オンラインサロン「落合陽一塾」主宰。

――これまで、クラブハウスをどのように使ってきましたか？

最初は、ユーザーにコンテンツの配信時間を認知されるため、朝の放送（7時）と、夜の放送（11時半）に定時放送をずっとしていました。クラブハウスを使うアプローチとしては、定期的に配信していくスタイルが、おそらく正しいと思います。ただ、アンドロイド版が出ていないため、例えば自分のオンラインサロンなどのクローズドのコミュニティで運用するには、不公平なサービスになるため、まだメインでは使っていないです。

最近では、ＮＨＫの番組「ズームバック×オチアイ」のレギュラー放送版（２０２１年4月2日から）が始まって、番組の予告的な配信や楽屋トーク、副音声のように使うには、非常に良いコミュニケーションができるメディアだなって感じがしますね。

メイントークとして使っていくやり方では、本質的にはサロン・クラブ設計のためのサービスだと思います。リアルの場でも、クローズドの所に人が集まって会話する――。友達の紹介でしか入れなくて、政治の話をしたり、ごはんを食べながらちょっとダンスしたりでコミュニティを作る、みたいなことってアメリカなどでもよくやられてきたと思います。まさしく〝クラブハウス〟ですね。

そういう意味で、この音声SNSであるクラブハウスは、ラジオコミュニティとしては非常によく、可能性を感じます。ユーチューブより、誰が話して、参加して、というのが見やすいし、ユーザーがすぐ話せるためです。

――ラジオとすると、スピーカー主体のコミュニティになりませんか?

ふつうのSNSと違うところは、反応を返せない点です。クラブハウスは「離脱する」「手を挙げる」ぐらいしかコミュニケーションをはかれない。聴いている人の反応は、しゃべり手にほぼ伝わらないサービスですよね。だから、一方向性がより高いんです。しゃべり手にきわめて有利なプラットフォームなのは間違いなくて、しゃべられない側の権利はほぼない。取り上げてもらって初めて反応できるようになるんですけど、それもほぼないのが、このメディアの特徴です。

そうじゃないと、「いいね」を重視したテーマをしゃべるのは、承認欲求ドリブンだし、今までのインフルエンサーマーケティングで集まってきた人しかこない。

その点で他のSNSと比べ、実は双方向性はきわめて薄いんです。だけど一人の双方向性はものすごく上がる。引っ張り上げた人とはものすごいインタラクティブだけど、引っ張り上げない限りはものすごく受動的なメディア。そこが非常に面白いと思います。

――ビジネスへの利用としてはいかがでしょうか？

クラブハウスをビジネスに使うとしたら、ファンに自由にそのプロダクト（製品）について語ってもらうという感じですね。ファンに直接、しゃべってもらうことによって、ファン同士の共感を得るようなものに向いています。つまり、これまでのコミュニティの作り方とちょっとだけ違っていて、今までは寝そべってポチポチボタン押しながらやれたサービスのデザインの仕方が、ファンを壇上に引き上げることで対話を行い盛り上がる、そんなスタイルの違いがあると思います。

今でも僕のクラブハウスのフォロワーが17万人で、以前はルームを作ると数千人入ったのですが、そのルームで「スピーカー」にされると、これまでラジオ感覚で聴いていたのに一気に注目されるようになるんですよ。例えば、僕の放送を聴いていて、リアルではコンビニで飯を買っていた人がスピーカーになる。すると、耳（クラブハウス）だけだった世界が、いきなり広がって、まるでコンビニのセットがバコーンと外れて、武道館の中央に来たような感じになるんですよ。

それほどの規模かはさておき、企業コミュニケーションとしては、一ユーザーの声を聴くようにできるので、非常に便利かもしれません。生のユーザーを直接連れてきて、共感を得るのは今までにできにくかったコミュニケーションだからです。

具体的には、有名なビール会社だったら、ビールを飲んでる人を直接引っ張り上げて、「僕がこのビールで好きなところは風呂上がりに飲んでるときっすね！」「わかるー！」って会話が広がっている。さらに、もう一人連れてきて、「あ、初めて会話します。あとやっぱり温泉で飲むビールおいしいですよね」とか言って盛り上がってもらう。……というのをいくつか作っていって、そのプロダクトとライフスタイルを聴いてシェアしてもらう。そういう井戸端会議をプロデュースするようなマーケティングに向いている気がします。

今までのユーチューブベースのファンコミュニティって、伝えたい情報をある程度、対話的に送るっていうものだったのですが、井戸端会議のプロデュースは若干ジャンルが違います。井戸端会議のプロデュースのほうが、息が長いし、深く刺さるんです。

企業が使うとしたら、炎上しにくいし、マイナスは特にないと思います。ただ、ユーザーの興味をひき続ける、コンテンツの作り方がうまくないときわめて難しい。台本がなくてもやれるアンカーマンが必要で、それって実は高度なスキルだと思います。テレビのバラエティ番組で一番ギャラが高いのは、やっぱりメイン看板背負っている人、ＭＣじゃないですか。話を構成して、かつ番組を統制しながらしゃべる能力がある個人に、クラブハウスは向いている気がします。

――コミュニケーションの秘訣はありますか？

しゃべりたい人はたくさんいると思うんですけど、人の話を聴き出す、つまり、インタビュアーの能力が求められます。クラブハウスは初対面の関係なので、相手に語らせるときは、語りたくなっちゃうトピックを持ってくるほうがいいかもしれないですね。

また、初対面のコミュニケーションでは信頼関係が重要です。例えば、大学とかで人と向き合うときは、信頼関係を構築した後なら叱る対話もできるわけです。これ面白いね、面白くないねって言うわけです。ただ、関係が構築できていないと基本的にそれは難しい。初対面では人を褒めるとか、人の話を聴くコミュニケーションがすごく大切だと思います。信頼関係がない人は傾聴して褒めるしかなくて、信頼があるから否定できるんです。これ、大切です。関係性によって深いコミュニケーションを行なっていくことは大切だと思います。
信頼関係がない人に直したほうがいいって言っても全然成立しないので、自分は基本的には他人のことは否定しないですね。しかも、関与が薄いことに関してはまったく否定しない。あなたの世界と私の世界は棲み分けられているから大丈夫だよ、と。でも棲み分けられてないところに関しては、ある程度、関係を決めていかないといけないと思います。

――今後、音声SNSはどうなると思いますか？

たぶん背景には、エアポッズとか耳に付けるデバイスって年に数千万台～1億台ぐらい、市場に入っていると思うんですよ。その市場っておそらくまだまだ伸びていきます。デバイスのインフラが整うにつれて、ソフトウェアも増えていきますから。
なので、常時接続型音声コミュニケーションは、もっと増えると思います。常に耳に何か情報が入ってくるという状態です。ツイッターやフェイスブックなど、ながらSNSをしている人が多いけど、目と手を使うので仕事ができない。音声SNSは、耳だけで繋がることができるので、非常に付加価値があるところだと思います。

【特別インタビュー②】

生産者、消費者とも
ラフにつながれて、
心の距離が一気に縮まる

「食べチョク」代表

秋元里奈

1991年神奈川県相模原市出身。住宅街にポツンとある野菜農家で生まれ育つ。相模原高校、慶應義塾大学理工学部を経て、2013年に株式会社ディー・エヌ・エーに入社するが、荒れ果てた実家の農地を目にして起業を決意。16年には農業支援ベンチャー・ビビッドガーデンを創業し、翌年にはオンライン直売所「食べチョク」を開始。その後20年に6億円の資金調達を実施し、同様のサービスの中で利用率がNo.1に。『Forbes』の「アジアを代表する30歳未満の30人」に選出。TBSの報道番組『Nスタ』にレギュラー出演中。著書に『365日 #Tシャツ起業家』(KADOKAWA)がある。

——クラブハウスをどのように使っていますか？

私は、株式会社ビビッドガーデンを創業し、現在は代表取締役をしています。ビビッドガーデンは、農家さんや漁師さんなどの生産者と消費者をつなぐオンライン直売所の「食べチョク」を運営しています。「生産者のこだわりが正当に評価される世界へ」を目標に、一次産業に貢献したいと思い、クラブハウスもそのツールとして使っています。「食べチョクハウス」（クラブハウスのルーム名：農家漁師の井戸端会議 #食べチョクハウス）をほぼ毎日開き、全国の生産者さんにスピーカーにあがっていただいて、生産現場や食材のお話を聞いています。

1月28日に第1回の「食べチョクハウス」の原型となる生産者さんとのトークをしたところ、数百人ほどの方に参加していただき、大きな反響がありました。一般の消費者からすると、これまで農家さんや漁師さんの声を生で聴く機会がなかなかありませんでした。その点クラブハウスは、生産者さんの話を気軽に聴くこともできるので、参加しやすいのだと思います。一方で、生産者さんも農作業をしながらクラブハウスで話ができるので、相性がすごくよかった。そこで、「食べチョクハウス」を定期的に開くことにしたんです。

農家さんのなかには、一日中クラブハウスを繋いでいる方もいます。「農家の雑談」というルームは、24時間開きっぱなしにすることもあるようです。農家さんは、一人で作業される方も多いので、作業をしているときに繋がっているという感覚や、困ったときに誰かにすぐ訊けるのが良いと仰っていました。作業中にラジオや音楽を聴く人も多く、クラブハウスがその代わりになっているのだと思います。

――仕事に活かしていこうというお考えは、最初からありました？

最初からはなかったです。私は、ツイッター、フェイスブック、インスタグラムなど、さまざまなSNSを利用していますが、利用していくうちにクラブハウスはこれからのSNSとは違った繋がりを作るツールだと感じ、途中から活用方法を模索し始めました。

他のSNSと比較すると、クラブハウスはコミュニケーションの密度が高いと感じています。他のSNSは文字でのコミュニケーションがメインですが、クラブハウスは声でコミュニケーションをするので、実際に会ったことがなくても、身近な存在に感じやすい。クラブハウスを通してまるで生産者さんに直接お会いしに行っているような気持になれます。物理的距離は遠いはずなのに、気付くと何回も会ったことがあるような……、そんな距離感になっていたんです。生産現場の理解を深め、生産者さんと心の距離を縮めるツールとして最適だと感じました。

もちろん、ズームや電話もありますが、ラフに繋がれるところがポイントのひとつです。ズームなどでイベントを行う場合は、指定の時間に特定のURLを開く必要がある。そうすると内容に興味がある人など、参加者は熱量の高い人に限られてしまいがちですが、クラブハウスはアプリを開いたときに行われているルームにふらっと参加できるので、偶発的な出会いが起きやすい。

また、開催する側としても音声だけで場所や身なりを気にせず気軽に開けるので、頻度高く開催しても負担が少ないです。開催する側も、ライトにゆるく繋がれて、距離を縮めることができるツールは、これまでなかったと思います。

――クラブハウスのプロフィールに、「私がしゃべっている間に出てもいいですよ」という注意書きがあるように、気軽に入れる仕組みは意識しているのですか？

カッチリと話したいのであればいろいろなツールがありますが、やはり、クラブハウスの良さは気軽さ。例えば、飲み会でとなりのテーブルにサッと行って、聴きたい話だけ聴いて、別のテーブルに移るような、そんな使い方ができるサービスだと思います。その良さを活かして、ゆるく長く繋がっていく活用方法のほうが合うと思っています。

例えば、ズームで「生産者さん同士の勉強会」を開催すると、基本的には生産者さんしかいないのですが、クラブハウスの場合は生産者さん以外の一般の方も聴けるところが良いポイントです。一見、クローズドの場でするような話がオープンになっていて、他の人も聴けるのが画期的だと思います。

食べチョクハウスを聴いていた人が「食べチョクハウスってこんなに生産者さんと距離が近いんだ」「食べチョク面白そう」と思って入社の応募をしていただいたり、食べチョクで食材を買っていただいたりすることもあります。完全クローズドの場じゃないからこそ、本当の目的以外の、副次的な効果がいろいろ出てくると感じています。

また、もともと私は、土日で生産者さんにお伺いしてお話聴いていました。運転時間を含めると2日で16時間以上を費やしていたわけです。それがコロナ禍でできなくなりました。しかし、クラブハウスを1日1時間、つまり週に7時間を使っているのですが、以前よりも多くの生産者さんと近い距離になったと思います。もちろん、コロナ禍が落ち着いたら直接会いに行くことも再開したいと思いますが、行動が制限されているなかで、より短い時間で深いつながりができるツールとして、私のなかで重宝していますね。

生産者さんとお話をしていると楽しくてつい話し過ぎてしまうのですが、基本的に1日1時間で終わらせるようにしています。おそらく3～4時間くらいあっという間に経ってしまうのですが、長く続けていくために、1日1時間と決めています。

これまで使っていて印象深いエピソードとしては、「実家が農業をやっているけれど今は違う仕事をしています」という方が、「食べチョクハウスで生産者さんの話を聴いて、実家に戻って農業やることにしました！」と言っていただいたこともありました。

他には、コラボが生まれたりもしました。食べチョクハウスでお話している生産者さん同士で、「その商品素敵ですね。うちの食材とコラボしましょう」と言って、食べチョクハウスが終わった後、すぐに別のルームで打ち合わせをしたようです。そのコラボとは「ローストビーフ牡蠣」。ローストビーフの中に牡蠣が入っているメニューを作りたい、という話から、広島の牡蠣漁師さんと、佐賀の畜産農家さんがタイアップされました。実際に試作品を作られていましたがとても美味しそうで盛り上がりました。


――クラブハウスをビジネス利用して、どんなことを感じますか？

やはり、メリットは距離感です。ツイッターもテキストでコミュニケーションを繰り返していくと、なんとなく人柄が伝わってくるのですが、声だと人柄が一発で伝わります。距離を縮めていくことに関しては、他のSNSツールの中でも圧倒的に長けていると思います。

ただ、注文や売上と言った短期的なわかりやすい効果があるかというと、すぐには見えてきません。ツイッターだと定量的な効果が出ることもありますが、クラブハウスはそれを期待する使い方はしないほうがいいと思っています。企業でSNSをやる場合だとKPI（Key Performance Indicator／重要業績評価指標）を定量的に求められたりしますが、そうなるとしんどいと思います。定性的な目標を置いて、ゆるく長く続けていくことが大事で、じわじわファンが増えていくと、最終的に数字に返ってくると考えています。

どのSNSでも一緒ですが、最初はフォロワーゼロからみんなスタート。継続していくとファンができて、熱量高く聴いてくれる人が出てきます。その熱量が人から人に伝わり、じわじわ伝播していくんです。

これからも、関係性を重視した使い方のほうが長く続くと、個人的には思っています。今は生産者さん同士の話が中心ですが、食べチョクを購入者として利用している一般の方やシェフの方同士を繋いで、熱量高いコミュニティを作っていく、おすすめの料理を紹介し合う、お昼の空いてる時間に料理しながら話すなどといった使い方もできると思っています。小さい輪を長くじわじわ広げていく、そんな使い方を続けていきたいです。

――社員にもすすめるのは、なぜですか？

私は社員にも食べチョクハウスへの参加を推奨しています。もちろん、強制はしません。推奨している理由は、ネットや本では絶対に得られない、生産者さんの生の声が聴けるからです。生の声ほど勉強になることはないですし、自分が興味を持って直接質問することで、一次産業に対する理解がより深まると思います。さらに生産者さん一人一人の話を直接聞くことで、言葉に体温を感じられます。すると新しい機能を作るときに「○○さんが喜んでくれそうだな」と、バイネームで想像が膨らむようになるんです。私たちは「生産者ファースト」という信念を大事にしているので、ぜひみんなに使ってほしいと思います。

また、「食べチョクといえば代表の秋元」という印象を持っている生産者さんもいるのですが、実はメンバーそれぞれ個性があって、代表に負けないくらいの強い想いがあります。そういうメンバーがどんどん前に立ち、口下手であっても話したほうが、想いが伝わります。生産者さんからもメンバー一人一人の顔が思い浮かぶようになり、食べチョクチームとの信頼関係が深まっていくと思います。

ただし、企業として、ＳＮＳを活用する上での基本的なルールはもちろん必要です。「機密事項や誰かを傷つけることなど、言ってはいけないこと」とか、「トラブルがあったら、まず会社に報告、そのうえで対応を決めてから行動する」といった基礎的なものです。

会社としてリスクを最小限にしている前提ですが、みんながＳＮＳ発信するのが当たり前の時代で、企業の中の人がポジティブにＳＮＳを活用できることは大きな強みになります。当たり前ですが、会社としても関係者全員がポジティブになれるような組織設計をより意識しますし、良い循環が生まれると思います。

――個性を出す良い方法ってありますか？

個性を見つけるためにはまず発信すること。みんな意外と、自分が思っているほど平凡じゃないと思うんです。もともと私は自分のこと超平凡な人間だと思っていたのですが、それでも人と違うことがあって、面白いと言っていただけることもあります。例えば、私は３年以上毎日食べチョクのＴシャツを着ていますが、当初は特殊なこととは思わず「誰でもできることをやっているだけ」と考えていました。しかし、発信していると「そこまで覚悟できるのはすごい」といわれたりしてそれが特殊だと気づきました。意外と自分の特異性って気づいていないケースが多いもの。最初から狙ってやるよりも、まずは思いつくままに行動してみて、発信を続けていく中で気づいていくのがいいかなと思います。

変にフォロワーを稼ごうとして、尖った態度をとるのとはちょっと違う。繰り返しになりますが、長く続けることが大事なので、素と違う自分を演じ続けていたら、長く続かないと思うんです。パッと思い浮かぶものがない人でも、まず一回、素のままで発信をしてみて、それを続ける。するとその中で自分の個性や強みに気づけると思います。

やはり、SNSは楽しまないと続かない。もちろん企業で「中の人」みたいにやっている場合は、仕事ではあるんですけど、仕事の中でも楽しさを見つけることが大事です。自分が一番に楽しんでやらないと、SNSは体温が伝わりやすいツールだからこそ、ユーザーさんにも伝わってしまう。なので、第一に楽しんで、自分が好きだと思えることで長く続けていくことが重要だと思います。

――今後のクラブハウスを使っての展望を教えてください。

引き続き、食べチョクハウスをやっていこうと思いますが、クラブハウスをきっかけに、「一次産業みらいラボ」というオンラインコミュニティを別で立ち上げました。クラブハウスを通じて、食べチョクと関係ない生産者さんも含めて、一次産業の方と継続的に繋がっていくことの重要性を改めて感じたことがきっかけです。クラブハウスはどうしても1時間だけのスポットでのお話になるので、そこでの気づきを溜めて行動に移していくコミュニティを作りたいと思い、一次産業みらいラボをスタートしました。うまくクラブハウスと連携させて、食べチョクハウスのさらなるレベルアップもはかりたいと思います。

例えば、「生産者さんが主体で企画をする食べチョクハウス」、「消費者の方が生産者さんにヒアリングする会」とか、「おすすめの食べ方をシェフに聴く会」などをやってみたいと思っています。一次産業みらいラボで、食べチョクハウスで生まれた熱量をさらに高め、より多くの方に一次産業の魅力を伝えていきたいです。食べチョクハウスをきっかけに、「多数のコラボ」「新商品」が生まれて、それをリアルタイムで聴いていた人が「あ、これ商品化したんだ」と自分ごとのように捉えてもらえるような流れを作りたい。食べチョクの事業に繋げていくというよりは、食べチョクハウスをきっかけにして、一次産業をより良くするビジネスがたくさん生まれたら嬉しいです。

第2章

ファンが増える「プロフィール」「ルーム」作り

フォロワーは数より質！「ファンベース」の考え方を取り入れよう

クラブハウスをビジネスに使うには、フォロワーがいないのでは何も生まれません。なぜ、フォロワーが必要なのかというと、ルーム開設などをすると、フォロワーに通知がいくようになるからです。クラブハウスはテキストでの交流やＤＭ（ダイレクトメール）機能がないため、このルーム開設の通知は希少な機会です。そのためにもフォロワーを増やすようにしましょう。

ただし、フォロワーの数だけを増やせばいいというわけではありません。必要なのは、フォロワーの〝質〟です。

というのも、ルームのなかにはまったく内容がなく、ただフォロワーを増やすだけの目的で開催されているものもあります。参加者やスピーカーを必ずフォローする「相互フォロー」を約束したルームです。このようなルームに何度か参加すれば、すぐに多くのフォロワーが増えるでしょう。

そのフォロワーの数は、数字的に人気があるように見せつけることはできても、あなたが開催したルームに参加することはほぼないでしょう。

また、SNSはそういったウソに敏感だったりします。違和感を抱かれたら、あなたのファンだったフォロワーが去ることになりかねません。

フォロワーは、数ではなくその内容が重要なのです。通知をオフにされるようなフォロワーではなく、数は少なくても熱烈なファンになるフォロワーの開拓を目指しましょう。


クラブハウスは、アーカイブに残らず、「いいね」機能がないため、他のSNSに比べて伝播力が低いのが特徴です。逆に、少数に深く刺さるSNSなので、広く浅いファンではなく、深く長く付き合ってくれるファンができるのです。

ビジネスで活用するときにはマーケティングの「ファンベース」という考え方を取り入れてみましょう。

ファンベースとは、「ファンを大切にし、ファンをベースにして（ベースには土台、支持母体などの意味がある）、中長期的に売上や価値を上げていく考え方」（『ファンベース』佐藤尚之著・2018年2月刊・ちくま新書）という考え方です。

また、同書には、「全顧客の上位20％が売上の80％を生み出している」いわゆる「パレートの法則」を引き合いに、「少数の顧客が売上の大半を支えている」といいます。つまり、クラブハウスで深く長く付き合ってくれるファンができたら、それはより強力なビジネスを支えてくれるファンになるのです。

1人ひとりがコアなファンになるような使い方をすれば、より強力なSNSになることでしょう。では、具体的にどうするかというと、「プロフィールをしっかり作り」、「質の高い、面白いルームを定期的に開催」し、「会話力・MC力・コンテンツ力を伸ばして充実したルームの内容」になるように努力することで、それがかないます。

超重要！　クラブハウスは「プロフィール」がすべて

フォロワーを増やすためには、興味を持たれる必要があります。

しかし、クラブハウスにはテキストの交流がほとんどありません。唯一あるのが「プロフィール」です。唯一のPRの場であるプロフィールを充実させて、「自分がどんな人間か」「どんな興味、関心を提供できるか」などわかるようにしましょう。

クラブハウスでは、プロフィールを「bio（バイオ）」と呼んでいます。bioとは、

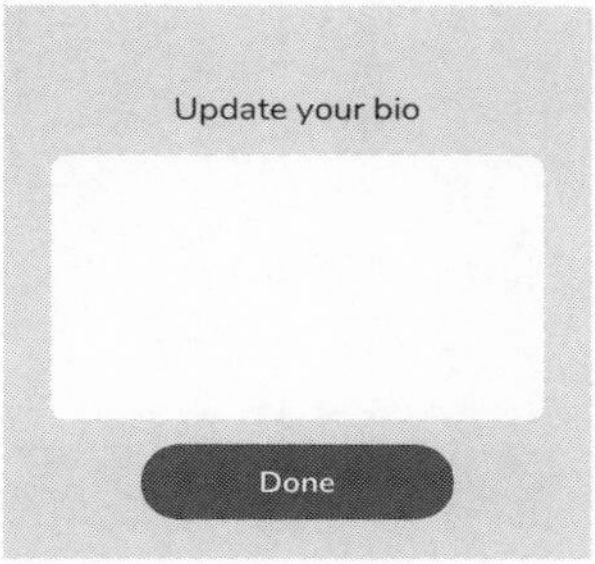
Update your bio
Done
プロフィール記入画面

Show Takei
@showtake
1 follower
61 following
Add a bio
Add...witter
Add I...tagram
プロフィールを記述するには、「Add bio」をタップする

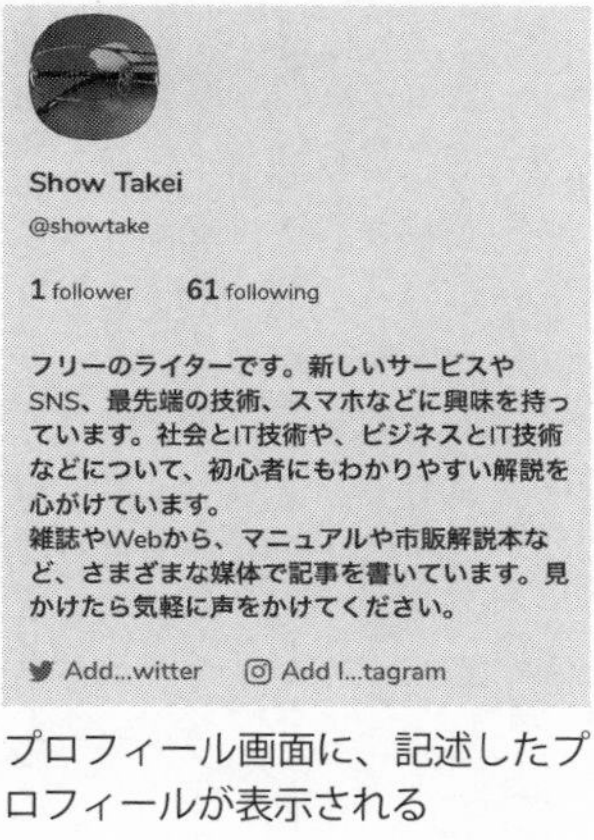
Show Takei
@showtake
1 follower
61 following
フリーのライターです。新しいサービスやSNS、最先端の技術、スマホなどに興味を持っています。社会とIT技術や、ビジネスとIT技術などについて、初心者にもわかりやすい解説を心がけています。
雑誌やWebから、マニュアルや市販解説本など、さまざまな媒体で記事を書いています。見かけたら気軽に声をかけてください。
Add...witter
Add I...tagram
プロフィール画面に、記述したプロフィールが表示される

biography（伝記、経歴）の略で、これは自分のプロフィール画面で設定します。

ホーム画面右上にある自分のアイコンをタップすると、プロフィール画面に変わりました。この画面にプロフィール、つまりbioが表示されていますが、最初は何も表示されていないでしょう。

そこで「Add bio」という文字列をタップします。す

ると「Update your bio」と書かれた画面に変わります。プロフィールはこの画面で記入します。

設定しているプロフィールは、ユーザーの名前やアイコンをタップすると表示されます。このプロフィールは2500文字程度まで入るので、かなり長めの自己紹介を記入できます。

プロフィールに実際に何を書いたらいいのか。簡単にいうと「変な人ではない」とわかってもらえて、「話してみたい」と思わせることができればいいのです。

例えば、異業種交流会や友人のパーティー、会社の面接、販売営業などで初めて会う人に、自分をどのように紹介するか、イメージして考えてみてください。

また、次の3つを意識して作成しましょう。

①わかりやすい
②信頼できる
③キャラが出ている

「よくわからない人と会話がしたい、話を聞きたい」と思うでしょうか。初めて会う人は身構えるものです。「性別は？」「年齢は？」「何をしている人か？」「何に興味があるのか？」「何が得意なのか？」など、明確になっていると、人柄がイメージしやすくなります。それが、会話をしたい、話を聞きたいとなる第一歩です。

また、信頼感は重要です。プロフィールに「コミュニケーションが苦手です」と書いてあるのに「訪問販売成績トップ」とも書いてあったら疑いが生まれます。「仕事になると会話がはずむのに、根はコミュ力ゼロです」と書くといいかもしれません。さらに、「趣味は料理で、クラブハウスでは世の中のニュースについて語りたい」と書かれていても、何がしたいのか見えてきません。趣味はあえて書かなくていいかもしれません。「プロフィール」や「開設するルームのテーマ」「やりたいこと」が一貫している人ほど、信頼感が生まれるのです。

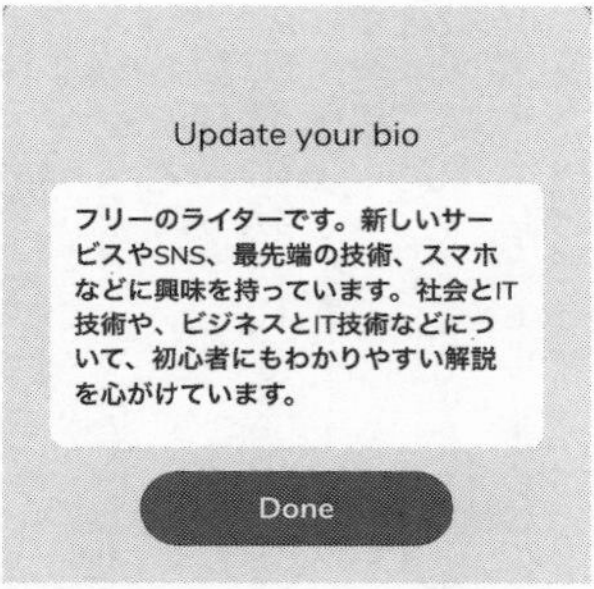
Update your bio
フリーのライターです。新しいサービスやSNS、最先端の技術、スマホなどに興味を持っています。社会とIT技術や、ビジネスとIT技術などについて、初心者にもわかりやすい解説を心がけています。
Done
自己紹介(bio)の内容を変更する

最後に、キャラですが、人となりや話のひっかかりになるようなネタを入れておけるのがベストです。例えば、「趣味は登山で、アルプス山脈登頂に挑戦している！」などと、今ハマっていることを書いておくと、開設したルームには、その挑戦を応援する人が訪れることでしょう。また、他のルームに入ったときに、興味を持ったモデレーターがスピーカーに上げて、現在の状況を質問してきたり、登山に詳しい人としてアドバイスを求めたりすることでしょう。

他には、「定期的にルームを開設するようなときは、そのルームのテーマや説明、注意点、スケジュール」などを記入しておくといいでしょう。

もちろん、誰もが閲覧できるプロフィールですから、プライベートなことは書かないように注意してください。電話番号や住所といった個人情報は、記入してはいけません。

なお、プロフィールを変更したいときは、プロフィール画面で表示されているプロフィール部分をタップすると、「Update your bio」ウィンドウが表示され、ここでプロフィールの編集・更新が行えます。

検索されるキーワードを！　より多くの目につくプロフィール

クラブハウスでユーザーが参加しようと思うルームは、友人や知人に誘われたルームや、システムがおすすめするルームなどが多いでしょう。また、他のSNSなどに掲載されているルーム開設の告知を見て、面白そうだからと入室してくるユーザーもいます。

これらのユーザーの他、ルームを検索して興味を持ってくれたユーザーが入室してくるケースも少なくありません(現在はまだクラブハウスの検索機能はそれほど強力ではありません)。

検索を行いたいときは、ホーム画面左上の虫眼鏡アイコンをタップします。すると検索画面に変わるので、ユーザーの名前やキーワードなどを記入して検索を行います。検索結果画面からもわかるように、検索できるのはユーザー名とクラブのどちらかになっています。

検索結果画面。ユーザー名またはクラブの検索が行える

この検索画面で、興味のあるクラブなどを見つけたら、「Follow」ボタンをタップしてフォローしておきましょう。すると、フォローしているク

ラブのルームがおすすめとして表示され、より興味のあるルームを見つけやすくなります。

検索では、キーワードなどを記入してユーザーを見つけることもできます。このユーザー検索時に利用されるのが、ユーザー名とともにプロフィール画面に記述している自己紹介、つまりbioの内容です。

フォロワーを増やすためにも、また、ルームを開設したとき、検索機能からあなたを検索して見つけ出されるためにも、プロフィールを充実させておいたほうがいいわけです。

では、実際にどのようなキーワードを入れるとよいでしょうか。

使うキーワードはよく検索されるものを入れるのがいいでしょう。キーワードは、グーグル・トレンドや、インスタグラムの検索で見つけることができます。逆に、コアファンを狙うために、あえて検索数が低いと思われる単語を入れれば、検索数自体は低くとも、検索されたときフォロワーになる可能性が高いともいえます。

次に、キーワードの重複は避けましょう。使いたくても、例えば、「ダイエット」「健康的にやせる」「筋トレ」など、少しずつ変化させましょう。

自分がどのようなフォロワーと付き合っていきたいかを考えながら、キーワードを考えていきましょう。

使い方の幅が広がる！　ツイッター、インスタと連携

プロフィール画面には、「Add Twitter」と「Add Instagram」の2つの文字が並んでいます。これはクラブハウスアカウントと、ツイッター、インスタグラムのアカウントを連携するためのものです。

「Add Twitter」をタップするとツイッターアプリが起動し、アプリ連携の画面が表示されます。この画面で「アプリにアクセスを許可」と書かれたボタンをタップすれば、クラブハウスとツイッターアカウントが連携し、プロフィール画面に自分のツイッターアカウントが表示されます。インスタグラムの場合も同様です。

なお、連携したツイッターやインスタグラムのアカウントは、連携を解除したり、別のアカウントと連携し直すこともできます。

アカウントの連携を解除したいときは、自分のプロフィール画面右上の歯車アイコンをタップし、表示された設定画面で「Account」というメニューをタップします。するとア

カウント画面に変わりますから、「Disconnect Twitter」または「Disconnect Instagram」のどちらかをタップします。このメニューをタップすれば、指定したアカウントとの連携が解除されます。

クラブハウスのアカウントと連携できるのは、現在はまだツイッターとインスタグラムの2つだけですが、連携させておきましょう。そうすることで、クラブハウスで出会ったユーザーがあなたのツイッターやインスタグラムを見る機会になるからです。

クラブハウスには、コメントを付けたり「いいね」を付ける、といった機能がありません。クラブハウスであなたを見かけて興味を持ったユーザーは、クラブハウスではそれを表明できないのです。

そんなとき、ツイッターやインスタグラムが連携されていれば、ツイッターでダイレクトメッセージ（DM）を送って連絡がとれるようになるのです。

アカウントの連携は、フォロワーを増やすというメリットとともに、クラブハウスの足りない機能であるコメントやDMの機能の代わりにもなるもので、アカウントの連携をおすすめします。

得意分野で勝負！ ルームのテーマはニッチ戦略

クラブハウスを利用してフォロワーを集め、あるいは人気のルームを開設するには、バズるコンテンツを作る必要があります。

バズるとは、「流行する」「人気になる」といった意味ですが、クラブハウスではルームを開設し、このルームで話される内容やテーマが多くのユーザーを集め、あるいは話題になる、といったことでバズる可能性があります。より多くのユーザーに興味を持ってもらえるコンテンツを提供するわけです。

より多くのユーザーを集めるコンテンツという点では、実は他のSNSとクラブハウスとでは少々異なります。他のSNSでは、書かれていることや画像など、提供されるコンテンツの内容が重要になってきますが、クラブハウスはリアルタイムの音声です。

事前にバズるためには、コンテンツの内容だけでなく、MCともいえるモデレーター、あるいはスピーカーなどの集客力が欠かせません。これは芸能人がより多くの聴取者を集めていることからもわかります。

つまり、バズるルームを作るためには、ＭＣやスピーカーにバズりそうなユーザーを起用し、また多くのユーザーに興味を持たれそうなテーマでルームを開設するのがよいでしょう。

すでに芸能人が集まり、「楽屋落ちのような話をするルーム」や「ふつうなら話もできないような一流のアーティストが登場するルーム」、さらに「世界的な起業家やクリエイターが会話しているルーム」など、これまでならとても考えられないような顔ぶれのルーム――クラブハウスのコンテンツ――が展開されています。

これらのコンテンツを、一般のユーザーが開設するのは難しいでしょう。ＭＣやスピーカーに有名人を起用する、などといったことも一般的には困難です。

それよりも、自分の得意分野を活かして、ルームのテーマをより「ニッチなものに設定する」。いわゆる「ニッチ戦略」を目指すといいでしょう。自分の仕事に関係する専門的な話題や、趣味、あるいは他ではあまり報じられていないようなニュースや裏話といったものがあれば、これらをテーマとするルームを開設するのです。

実際、すでにミャンマーの情報を現地から実況するようなルームもあります。今なら中国の状況や、世界各地のコロナウイルスの感染状況などを、現地の人しか知らない情報を交えて流したり、海外に居住する友人・知人をゲストに招いてスピーカーに設定し、現地の状況を話してもらう、といったことも考えられます。

こうして考えてみると、クラブハウスは強力なメディアになり得ることがわかります。この特性を活かすルームを開設すれば、バズるルームになる可能性が高いのです。

なお、いくらバズりそうだからといって、下品な会話やポルノ、わいせつな会話などは、テーマにすべきではありません。フェイクニュースになったり、著作権を侵害したりするのも、もちろんNGです。例えば、小説を朗読するようなルームは、作者や著作権者の許可を得られていなければ、著作権を侵害する可能性があります。

クラブハウスの規約では、これらの知的所有権や財産権を侵害するような会話、下品、わいせつ、ポルノ的な会話といったものは禁じられています。ルームを開設したり、スピーカーとして話すときには、この点にも十分注意してください。

明確・信頼・キャラ立ち！　ルーム名の3原則

ルーム開催のためのスケジュール設定（後述）で特にユーザーの注目を集めるのが、次の2つの項目です。

・Event Name
・Description

「Event Name」欄にはルームの名前を記入します。より多くのユーザーに参加してみたいと思わせるルーム名を付けましょう。そのヒントになるのが、プロフィールをつくるときに説明した3原則です。

①わかりやすい
②信頼できる

③キャラが出ている

ルーム名をパッと見て、どのようなことが行われるかわからないと、テーマに興味があるかないかに限らず、スルーされてしまいます。それは、「ゲストを呼んだ対談」か、「ハウツーを語る内容」か、「ディスカッション」か、「演奏」かなど、明確にしましょう。

信頼性も必要です。ルーム開設者のプロフィールを見たときに、「なぜ、この人が、このルームを立ち上げたのかわからない」と疑問を抱かせると、やはり参加を見送られかねません。

最後が難しいのですが、個性をうまく出しましょう。よくあるルーム名、テーマだと「あなたが作ったルームじゃなくてもいい」と思われるでしょう。あえてキャラを出さないという戦略も考えられますが、ニッチを狙うことをおすすめします。また、あなたが望むブランディングにするため、多少、角度をつけるようにしましょう。

例えば、「元コミュ障の現役渋谷アパレル店員が教える、クラハでバリバリ話せるスピーカー練習法」とか「非読書家もハマる！　書店にない怖すぎる本を紹介」など、最大60文字まで記入できます。

また、世界中のユーザーに参加してほしいときは、日本語だけでなく英語で記入しておいてもいいでしょう。もちろん、スピーカーは英語で話す必要がありますが、英会話に苦労しないユーザーなら世界中のユーザーを集めることだって可能なのです。

Description 欄には、ルームの内容を記入します。ここには200字まで説明を記入できます。200字はちょっと少ないですが、ルームの内容、ゲストや著名人がスピーカーなら、その紹介なども記入しておくと、聴取者が増えるようです。

至高のひととときを提供する！ ルームの最適な時間

より多くの聴取者を集めるためには、事前にスケジュール機能を利用してルームを作成しておくことで、クラブハウスのホーム画面におすすめとして表示されたり、他のSNSなどで告知して参加者を募ることができます。

スケジュールを設定して開設したルームには、モデレーターは設定した時刻の30分前から入室できます。開始時刻を過ぎてもルームに入っていないと、ルームは自然消滅してしまいますから、入室できるようになる時刻の前後にはクラブハウスを起動し、30分前から開始時刻までには必ず「Start the room」ボタンをタップして入室しておきましょう。

開催されているいくつかのルームに参加してみると、ルームのなかには3〜4時間も延々と会話が続けられているルームもあります。クラブハウスは従来にない音声でコミュニケーションできるという特徴のため、ハマってしまうユーザーも少なくないのでしょう。

ルームの時間設定ですが、参加しやすさを考えれば、スケジューリングのときに60分程度で予定しておくのがいいでしょう。多くのスピーカーがいて、特に議論が沸騰するようなテーマだと、60分では時間的に厳しいこともありますが、趣味のテーマやちょっとした会話なら60分ほどと事前に決めて終わったほうが、参加するほうも楽しく終えられるのです。

60分で予定していても、たいていのケースでは時間通りには進まないもの。会話が盛り上がらずに時間が余ってしまうこともあれば、会話が弾み、２時間近くまで延長してしまうこともあるでしょう。

ただ、参加しているリスナーにとっては、60分以上続く会話は飽きたり、疲れたりします。別に予定のあるユーザーもいるでしょう。もう少しやりたいくらいで終わるのが、次も聴きたいと思わせる秘訣だったりします。

また、継続してルームを開設するにあたり、長かったり短かったりすると、ダレたりして続かないものです。決まったサイクルで行うことが、コンテンツを作る自分やフォロワーに対しても適しているのです。

ただし、時間の流行もあります。かつて、ユーチューブの動画は3分以内がよく見られるといわれたり、30分、もっと長いほうがいいなどと、流行がありました。

クラブハウスの普及によっては、ユーザーの利用法も変化し、ルームは15分がベストだとか、2時間続くルームこそ人気になる、などといった流行り廃《すた》りがあるかもしれません。しかし、現状ではやはり60分以内を目安に開催するのが、より聴取者を集め、飽きさせない時間だと考えられます。

トラブルに予防線！　ルームが落ちると潜在フォロワーが去る

クラブハウスでは、ルームを開設すると、自動的に自分がモデレーターに設定されます。ルームに参加するユーザーには、「モデレーター」「スピーカー」「リスナー」の３つの権限のうちのいずれかが付けられています。

モデレーターは、ルーム内でのすべての権限を持つユーザーで、参加者を指定してスピーカーやリスナーに変更したり、ルームを閉じたりすることもできます。

一方、ルームに参加したユーザーは自動的にリスナーになります。ルームでの会話を聴くだけの権限が付けられたユーザーです。

さらに、実はモデレーターはルームの参加者を指定して、モデレーターに変更することもできます。実際にはスケジュール機能を利用してルームを開設するとき、「Add a Co-host or Guest」をタップすると、相互フォローしているユーザーのなかから複数のユーザーをモデレーターとして指定しておくことができます。ルームを開設するとき、スケジュール機能を利用するなら、事前にモデレーターを設定しておくといいでしょう。

ルームの参加者から、モデレーターに設定したい相手のアイコンをタップ。するとそのユーザーのプロフィールが表示されるので、このページで「Make a moderator」ボタンをタップします。

参加者のなかから指定して、モデレーターを設定できる

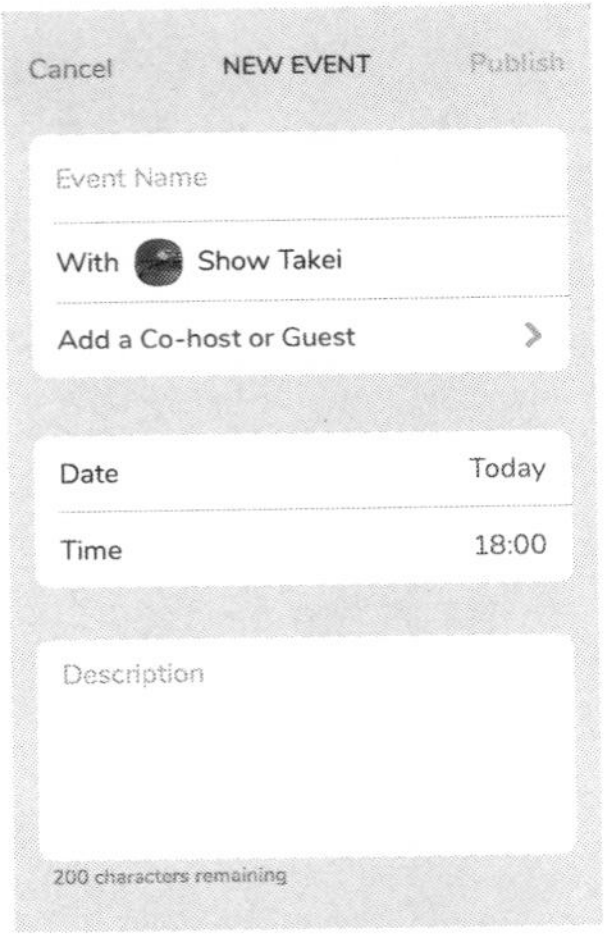

スケジュール機能を利用するときは、同時にCo-hostを設定しておく

これでルームの参加者一覧の画面に戻りますが、今モデレーターに指定したユーザーには、名前の先頭にマークが付き、モデレーターに変更されているのがわかります。

というのも、モデレーターが1人では、何らかのトラブルがあったときに不便です。会話が紛糾したとき、1人の手には負えなくなることもあるでしょう。さらに怖いのは、ルームで会話しているときに何らかの問題でクラブハウスとの接続が切れてしまうことです。回線のトラブルやアプリの不具合などによって、アプリが落ちてしまうことはつきものです。

また、クラブハウスのシステムが不安定で、接続が切断されるといったケースも考えられます。マイクやイヤホンの調子が悪く、イヤホンから音が聴こえなかったり、マイクから音が伝わらなかったりすることだってあるでしょう。

クラブハウスから切断されたり、アプリが落ちたときは、もう一度接続し直したり、アプリを起動し直せばいいと思うかもしれません。しかし、モデレーターがルームとの接続が切れてしまうと、ルームそのものが終了してしまうのです。せっかく開設したルームが、回線が切れただけで突然、終了して消えてしまいます。

リスナーのなかには、参加のために時間を作り、楽しみにしていたファンもいるかもしれません。それが、不具合のせいで裏切ってしまうと台無しです。安全策のためにも、ルームを開設するときは、サブのモデレーターを設定しておきましょう。

これで何らかのトラブルが起こったときも安心です。なお、モデレーターに変更されたユーザーは、さらに別のユーザーをモデレーターに設定することもできます。

やってはいけない！　クラブハウスの使い方

クラブハウスで話された内容は、特別な許可がない限り録音も記録も禁止されています。ところが、海外でも日本でも、「内容が外部に公表された」といったトラブルがすでに起こっています。芸能人がルームで話した内容が週刊誌に載ってしまったり、ユーチューブで音声が流出したりしており、これらの事例でやめてしまった芸能人もいました。

クラブハウスではユーザーからルール違反の報告を受けたときのために、各ルームで話された内容は、ルーム終了まで自動的に録音されているそうです。何らかのトラブルがあれば、システムに報告してみるといいでしょう。

それでも内輪のルームだからと、つい他人の悪口を言ってしまったり、品のない言葉遣いで笑わせてみたり、セクハラまがいの言葉をかけてくるユーザーもいます。セクハラやパワハラ、他人の悪口など、人が嫌がる会話はトラブルのもとです。

また、同じ業種や会社の仲間との会話で、つい、話してはいけない社外秘をしゃべってしまった、などというケースもあるでしょう。機密情報を漏らしたことがもとで解雇に繋がるケースもあり得ます。

個人情報の扱いも十分注意したいものです。ルーム内で会話をしていると、自分と相手だけで盛り上がり、つい、聴衆がいることを忘れてしまいがちです。住んでいる場所や家族の話、プロフィールには書いていないような会社の情報など、見知らぬ相手には隠しておきたい情報はたくさんあります。スピーカーが友人や知人だからといって、聴取者がすべて友人とは限りません。

ちょっとした会話から、あなたの住んでいる場所を割り出し、ストーカーに発展することだってあります。例えば、電車発着の駅名が漏れればどこにいるかわかります。店員が発した言葉を検索すれば、場所を探し当てることができるのです。

もちろん、このようなことは、クラブハウスに限ったことではありません。ただし、あくまでネットを介したＳＮＳ。誰がどのように聴いて、広まるかわかりません。クラブハウスから発展した事件が、新聞やテレビを賑わせる日もそう遠いことではないかもしれません。

つい、ぽろっと口にする魔力を持つクラブハウスで、悪ノリは危険

クラブハウスであちこちのルームを聴いていると、少し心配になる点があります。

ツイッターではときどき、自分の投稿が世界中に公開されていることを忘れ、暴言を吐いたり不謹慎な行動を自慢したりする投稿があり、これが拡散されて大炎上することがあります。たったひと言、内輪ノリで不用意につぶやいた言葉で、謝罪に追い込まれたり、会社やバイトを解雇されたり、あるいは訴訟を起こされたりするケースもあります。

これらの現象から、ツイッターは別名「バカッター」とも呼ばれ、「バカ発見器」などともいわれています。行為そのものも酷いのですが、ネットリテラシーが低く、ツイートが他のユーザー、それも世界中のユーザーに公開されていることに想像が及ばないことにも、恐怖を覚えます。なぜなら、ネットに書かれた情報は「デジタルタトゥー」といわれるように、消えることがないからです。

クラブハウスでの会話を聴いていると、まったく同じようなユーザーに出会うことがあ

ります。ネットを通じて知り合った友人や知人などと、ひとつのルームで会話をしていると、居酒屋で話をしているような気分になり、つい、言わなくてもいいことをしゃべってしまったり、冗談交じりにルームに参加していないユーザーの悪口を言ったりしているユーザーもいました。実際にアルコールを飲みながら、クラブハウスに参加しているユーザーもいますが、「酔っていたから」という言い訳は通用しないでしょう。

会話、特に気心の知れた相手との会話では、たまにはそんな悪口や冗談を言い合うこともあるでしょう。しかし、オフレコとはいえ、あくまでSNS。公開されているルームでは、誰がそれを聴いているのかわかりません。その会話が、仲間内だけの会話ではなく、他のユーザー、おおげさに言えば世界中に公開されている、ということを忘れてはいけません。

会話には、クラブハウスを通して公開されていることを忘れさせる魔力が潜んでいるのではないかとさえ思います。その意味では、クラブハウスはツイッター以上の「バカ発見器」になるかもしれません。

口から出た言葉は、それがライブであればあるほど、取り消すことができません。クラブハウスは注意しすぎるくらいでちょうどいいのです。

あくまでネット上のSNS、予想される危険とうまく付き合う

つい、ポロリと口を滑らせた情報ばかりでなく、実はクラブハウスのルームにはたくさんの危険が潜んでいます。

クローズドなルームに誘い込み、言葉巧みに違法薬物を売りつけたり、割のいいバイトがあると騙《だま》して、オレオレ詐欺などの受け子に誘ったりする事例もあるようです。

会員のプロフィール欄には、どんなウソだって書けます。「実名制」というのも、法律があるわけではなく、あくまでクラブハウスを使うマナーです。反社会的集団に属すような人が紛れ込んでいる可能性もあります。いえ、最近では反社のＩＴ化も進んでいます。

他にも気をつけたいのは、真面目で硬いテーマを掲げたルームが、実際には投資話やマルチ商法の勧誘場所になっていたりする例です。ルームには、儲け話をテーマにしたものがたくさんあります。クラブハウスというのは、実はこのマルチや投資の勧誘などの格好の場になり得るのです。

そんな違法なビジネス以外にも、例えば「コロナは１００％防げる」「○○を飲めばガンが治る」などといったテーマのルームさえあります。医療系のルームは、専門家がきちんとしたテーマで話をしない限り、ほとんどがフェイク（偽の情報）だと考えていいでしょう。

そんなルームに参加し、うまく口車に乗せられて、わけのわからないインチキ医薬品を購入させられたり、変に洗脳されたりしないよう、十分気をつけてください。

危険を避けるためには、必要以上にプロフィールに個人情報を掲載しないこと。また、使用者が善良な人ばかりではないと思うこと。ネットリテラシーを常に身につける努力をおこたらないことにつきます。

第3章

「ビジネス化」「稼ぎ方」のヒント

「オープン」「ソーシャル」「クローズド」……、ルームの種類を使い分ければ、オンラインサロン化も簡単

クラブハウスをビジネスに使うとき、3種類のルーム設定をうまく使い分ける必要があります。

●オープン（Open）
●ソーシャル（Social）
●クローズド（Closed）

「オープン」ルームは、誰でも参加可能なルームで、「ソーシャル」は、ルームを開催しようとしているユーザーや、モデレーターの権限を持つユーザーのフォロワーだけが参加できるルームです。

最後の「クローズド」ルームは、ルーム開催者と開催者が招待したユーザーのみが参加できるルームです。ルーム開催者のフォロワーから招いた人だけが、クローズドルームに

入ることができます。招待されていないユーザーは参加できません。つまり、クローズドなルームなら、まさに限定公開のコミュニケーションが行えます。

限定公開というのは、実はすでにＳＮＳでも先行しているところがあります。

例えば、フェイスブックを使った「オンラインサロン」です。

フェイスブックでは非公開のグループを作成できます。サロンに申し込んできたユーザーから会費を徴収し、このユーザーを非公開グループに参加させることで、会員だけがメッセージをやりとりできるようになっています。

オンラインサロンは、フェイスブックだけでなく、例えばＤＭＭオンラインサロンやCAMPFIRE Community、Salon.JP といったプラットフォームがあり、堀江貴文氏、西野亮廣氏（キングコング）、それに小室哲哉氏や岡田斗司夫氏などのサロンが有名です。

このオンラインサロンは、クローズドなコミュニティで、多くは会費を支払うことで参加できます。サロン内で得た情報などは外部に公表することが禁じられており、そのために誹謗中傷といったリスクが抑えられています。主催者がカリスマ的な存在のためか、ビジネスとしても成功しているケースがたくさんあります。

クラブハウスではクローズドルームを開催することで、このオンラインサロン的なコミュニティを作ることも可能です。これまで、ズームを使っていた定例会や講演をクラブハウスのクローズドにて行い、参加費を徴収するのです。さらに、オンラインサロンの運営者の連絡を取り合う場としても機能します。

クラブハウスの「オープン」「ソーシャル」「クローズド」を使いこなせば、ビジネス利用に幅が見えてくるのではないでしょうか。

「実名制」が生む、炎上防止・自己ブランディングをフル活用

従来のSNSでは、投稿したコンテンツに広告収入が発生したり、インフルエンサーとして活動することで商品を販売したり、あるいはイベントの告知などを行い、ビジネスに繋げるといった方法がありました。

それらのノウハウのいくつかは、クラブハウスでも実践可能ですが、コストパフォーマンスが良いとはいえないようです。前述したように、クラブハウスではコンテンツをシェアして拡散する、というシステムがないため、より多くの人に認知させることが難しいの

です。従来のビジネス化ではなく、クラブハウス流の使い方を考える必要があります。

特筆すべき点は、クラブハウスが原則的に「実名制」という点です。実名制とはいっても、現状では芸能人が芸名で登録したり、著名人がペンネームなどで登録しており、純然たる実名制とは言い難いのですが、基本的には実名で登録しているようです。

実名制のメリットは、匿名のSNSよりは炎上しにくいという傾向があります。フェイスブックは実名制のSNSで、後に通称による登録も可能になりましたが、炎上騒ぎはあまり多くありません。実名登録で、出身校や居住地といった個人情報を掲載しているユーザーも多く、また基本的には知り合い同士が繋がっているため、トラブルが少ないのでしょう。

一方、ツイッターは実名制ではありません。匿名で登録しているユーザーも多く、そのためか、無責任な書き込みや誹謗中傷なども散見されます。匿名制にはそれなりのメリットもありますが、炎上しやすく、トラブルが起きやすいのも事実です。

匿名掲示板には貴重な情報も掲載されますが、まったく無責任なフェイク情報もあり、むしろそのような書き込みを楽しみにしているユーザーさえいます。

クラブハウスは実名制で、しかもルーム内で交わされる会話の録音や記録が禁止されています。「シェア」「リアクション」「メッセージ」の機能がないので、炎上する余地がないのでしょう。

さらに、実名制によって自己ブランディングに繋がりやすく、また、新しい仕事などに繋がる可能性もあるのです。たまたま参加したルームでちょっとしたアイデアを話し、プロフィールを見た相手から「興味があるから今度会って仕事を依頼できますか」、などと話が進むケースもあります。

もちろん、だからこそ注意が必要でもあります。クラブハウスは実名で、肉声のSNS、リアルタイムを共有した深いコミュニケーションです。「逆ブランディング」をしたら、それはあなたの名前で相手に深く残る危険性があり、一生の十字架になりかねません。

これは、クラブハウスに限ったことではありませんが、さまざまな人間が使っているSNSです。不用心にならないよう気をつけてください。

動画・音声ＳＮＳで稼げる前例あり！　今できるマネタイズ法

ＳＮＳを使ったマネタイズには、すでに前例があります。

ユーチューブは動画共有サイトですが、作成した動画を配信したり、リアルタイム配信を行い、広告を掲載するといった方法で、マネタイズ方法が確立しています。

音声配信アプリのスプーン（Spoon）は、韓国のMykoon,Incが開発・運営していますが、日本のユーザーも増えています。16年にサービスを開始したこのスプーンは、会員登録すれば誰でもユーザーになれ、声のライブ配信（LIVE）や、録音された音声コンテンツの配信（CAST）などが行えます。

このスプーンには課金アイテムがあり、ライブやキャストで気に入ったら、ユーザーがスプーンを購入してこれを配信者に送り、配信者が収益を上げることができるシステムになっています。投げ銭システムのようなものですが、固定リスナーの人数を増やすことで収益に結びつけています。

ＤｅＮＡが運営しているポコチャ（Pococha）も、音声配信サービスです。ライブコミユニケーションサービスと呼んでいますが、やはり登録すれば誰でも会員になれて、動画や音声のライブ配信が行えます。

ポコチャでは、ライブ動画や音声を配信した時間と回数に応じて報酬が支払われるようになっています。こちらもサービス側がマネタイズ方法を用意しており、ユーザーは番組の内容や配信を工夫することで、収益を得ることができるようになっています。

クラブハウスは機能的にはシンプルです。そのため、マネタイズ、つまり収益化するための仕組みが必要になってきます。例えば、プロフィールに「投げ銭」のための口座を記入しておくことができます。海外のユーザーには、それで稼いでいる人もいるようです。

投げ銭というのは、街角で芸を披露している大道芸人やストリートミュージシャンなどが、芸や音楽が気に入ったらその対価を支払ってもらえるように、空き缶やギターケースなどを置き、収益を得ているシステムです。

これをネットに応用したのが、ネット投げ銭です。ブログやSNS、あるいはユーチューブでも見られるマネタイズのシステムですが、すでにクラブハウスでもこの投げ銭を始めているユーザーがいます。

期待したい開発中のマネタイズ機能

クラブハウス自体もマネタイズする仕組みを作ろうという動きがあり、ユーザーにこのサービスをビジネスと結びつけてほしいと考えてもいるようです。

21年3月14日に、クラブハウスは「アクセラレータープログラム」（大企業がベンチャー、スタートアップ企業などに出資や支援を行うことで事業共創を目指すプログラムのこと）を立ち上げています。これは「Clubhouse Creator First（クラブハウス・クリエイター・ファースト）」と名付けられたプログラムで、クリエイターに作品を作成するための機材を提供したり、ゲストのマッチング、クラブハウス内外でのプロモーション、さらにベビーシッターといったものなど、さまざまなサービスを提供し、クリエイターをサポートして収益化をはかるというプログラムです。

具体的なマネタイズについては発表されていませんが、作品制作のための機材や環境、さらにプロモーションまで行われる予定で、クラブハウスに参加しているクリエイターにとってはまさに朗報ともいうべきものでしょう。

選出されたクリエイターは、クラブハウス側が最適なブランドとマッチングさせ、これによってクリエイターの収益化を行います。マッチングがうまくいかなくても、クラブハウスから月額5000ドル（約54万6000円）を3カ月間保証されるようです。ここから、新しいクラブハウスの使い方や、マネタイズが生まれると考えられます。

また、本書執筆中には、クラブハウスによる投げ銭システムのペイメント（Payments）も発表されています。この機能は、ユーザーが特定のモデレーターなどに投げ銭できるシステムです。

今後のクラブハウスの動きに、新しいマネタイズを期待してもいいでしょう。それまではクラブハウスに慣れ、音声SNSの特徴を把握し、どのようなルームなら収益が上がるのかを考えながら、使いこなしておきたいところです。

自己流の稼ぎ方を探し当てた人から稼げるシステム

アメリカでクラブハウスが人気になったのは「欧米の立食パーティーの習慣がそのままネットに持ち込まれたため」という説があります。コロナ禍でリアルな立食パーティーを開催できず、その不満がネット内での仮想立食パーティーへと発展した、というのです。

リアルな立食パーティーでは、友人たちと近況を話したり、知人を紹介されたり、あるいはビジネスの話をしたりすることもあります。新しい人脈やビジネスのアイデアがそこで生まれていたのです。

同じように、クラブハウスというバーチャルな立食パーティーでも、友人・知人と楽しくおしゃべりしたり、友人に紹介されて初めて会う人に、ビジネスを持ちかけたりすることもあります。

そのような欧米の文化が、日本ではクラブハウスを通して入ってきているというイメージで間違いないでしょう。立食パーティーの取り組み方次第で、人脈やビジネスのアイデア（セレンディピティ）が生まれる機会になります。使い方によってクラブハウスはビジネスと相性がいいのです。

実際、すでにクラブハウス・コンサルタントと名乗るユーザーも出始め、クラブハウスをどのように使えば人気者になれるのか、クラブハウスでマーケティングを行うにはどうすればいいのか、といったことを解説する人もいるほどです。

また、クラブハウス内でブランディングするためのノウハウを議論する、といったルームもあります。さらに、クローズドなルームを開催し、人生相談を受け付けたり占いをやったりしているユーザーもいます。

例えば、アイドルがクローズドなルームを開催し、リアルでの握手会のように、このクローズドなルームでファンと2人だけで20分おしゃべりができるとしたら、お金を払ってでも参加したいといった熱烈なファンは少なくないでしょう。

アイドルではなくても、何かしらの実績や技能、知識がある人なら、クローズドのルームを有料で開き、質問やアドバイスをするサービスとしての利用が考えられます。

やはり、従来のSNSに比べ、人となりが大きく反映されるSNSです。自身のスキルやキャラを活かした、自分なりの稼ぎ方を見出す必要があるようです。

クラブハウスに向いている人は「オタク」？

一般ユーザーがクラブハウスでインフルエンサーになるためには、テーマの選び方にも工夫が必要になりますが、実は一部のユーザーにはアドバンテージがあります。そのキーワードは、「唯一無二」と「キャラ」です。

何らかの専門家やプロ、あるいはいわゆるオタクのようなユーザーなら、自分の強い分野の話題をテーマにしたルームを開催できるのです。その道のプロやオタクユーザーなら、自分の好きな分野や専門の分野について、何時間でも話し続けられるでしょう。１時間ほどのルームではもちろん足りず、継続してルームを開催できます。

専門的で、あるいはオタク的なルームは、最初は参加者がそれほど多くないかもしれません。しかし、数は少なくとも、限定的なテーマにはコアなファンが集まるものです。切り口のあるルームに参加したユーザーの興味をひくことができれば、それはコアなファンを獲得したといえます。

このコアなファンというのは、そのテーマに関してお金を注ぎ込んでもいいとまで考えている人も少なくありません。現代はオタク的商品が、驚くほど売れる時代です。

つまり、コアなファンが集まるルームを作れれば、たとえ参加してくれるユーザーがそれほど多くなくても、十分にビジネスを展開できる可能性があるのです。

クラブハウスというのは、そんなコアなファンが集まるルームが、それこそ無数に存在するSNSだといってもいいでしょう。自分だけの専門分野を持つユーザーや、この分野だけは他の人に引けをとらないというテーマを持つ人なら、クラブハウスは絶好の場なのです。

「決算説明会」「就活」「採用」……、使い方ひとつで有利に変える

個人がユーザーとしてクラブハウスを利用するケースばかりでなく、最近では企業が利用する例も出てきています。音声版ツイッターともいわれるクラブハウスを企業はどのように利用しようとしているのでしょうか。

クラブハウスで「決算説明会」を行った企業があります。

東証1部上場企業のGMOペパボです。21年2月3日、GMOペパボから20年12月期の決算説明会をクラブハウスの音声のみで配信し、その後、参加者からの質問に社長が答える、というものでした。

GMOペパボはフリマアプリやレンタルサーバー、ネットショップ作成サービスなどを

運営するIT企業だけに、これまでも「ユーストリーム（Ustream）」やウェブを利用したさまざまな試みを行ってきましたが、日本で始まったばかりのクラブハウスで、決算説明会を開催するというのは、実に斬新な挑戦といえるでしょう。

企業側ばかりでなく、例えばクラブハウスを就活に利用しようとしている学生もいます。コロナ禍で思うようにインターンや企業まわりができなかったこともあり、地方在住の学生が、クラブハウスのユーザーになって、気になる企業のトップや現役社員、業界の人などをフォロー。フォローしたユーザーが開催したり、参加しているルームに入って会話を聴くだけで、企業やトップの考え方といったものが吸収できるのです。

クラブハウス就活なら、希望する業界の生の声が聴けて、業界や企業研究もできるため、以前のように足を使っての企業研究よりも、ずっと効率がいいようです。

これらの学生向けに、IT企業などでも企業名を付けたルームを開催し、学生との接点を増やそうとしています。そんなルームに入れば、人事担当者や社員のアイコンが並び、実際にスピーカーとして質問をしたりすることも可能で、コロナ禍が生んだまったく新しい就活のスタイルが出てきたわけです。

他には、クラブハウスを使って社員の採用イベントを行った企業もあります。

組織のプロジェクト管理ツールを提供するヌーラボが、2021年1月下旬にはすでに採用イベントとして、クラブハウスでトークセッションを開催しています。

クラブハウスを使って就活に活かしているとすれば、流行に敏感で、IT機器も使いこなしている学生として高く評価される可能性は十分にあります。

逆に学生にとって、クラブハウスを使いこなしている企業は、新しいマーケットに敏感な企業として、やはり高い評価を得られるでしょう。クラブハウスの出現で、ビジネスは少しずつその姿が変わりつつあるようです。

肉声の会話だから、「マッチング」に相性抜群

20年1月にサイバーエージェントの子会社のマッチングエージェントが発表した「国内オンライン恋活・婚活マッチングサービス市場規模予測」では、婚活・恋活マッチングアプリの市場規模が20年には620億円、25年には1060億円に達するとされていまし

た。

婚活を支援するマッチングアプリ、婚活アプリは、ここ数年ユーザー数が急激に増加しています。おもなマッチングサービスの公式サイトに掲載されている会員数は、ペアーズ(Pairs)が1000万人以上、タップル(tapple)が600万人、オミアイ(Omiai)が450万人になっています。

このようなマッチングをクラブハウスでビジネスとして立ち上げたところはまだ見当たりませんが、いずれサービスとして、有料ルーム開催が十分に考えられます。

マッチングアプリで知り合った相手とテキストベースでメッセージを交換し、気が合えばラインで連絡を取り合い、会う約束をするといった従来の手順を短縮し、クラブハウスのプロフィールを閲覧し、あるいは友人や知人に紹介され、すぐにクローズドなルームを開設して会話する、といった使い方です。

なぜなら、クラブハウスは、ツイッターやインスタにはない、「肉声のSNS」だからです。編集されたテキストや画像ではない、生の人柄があらわれるので、相性がいいのです。また、クラブハウスはライン電話やズームなどと比べ「音質がいい」という特徴もあります。

実は、すでにクラブハウスには、合コンルームが見られます。リアルで知り合った人や、クラブハウスで知り合ったユーザーなどを誘い、クローズドのルームで会話する――まるで、現実での合コンと同じように行われています。

合コンではなくても、クラブハウスのプロフィール画面で、仕事や年齢、趣味などを記入していれば、それを見た他のユーザーから会話に誘われ、クローズドのルームで会話をして、気に入ったら実際に会う、といったケースも起こりえます。

さらに、クローズドのルームを利用したビジネスには、声優やナレーター、演奏家などのオーディションの利用にも向いているのではないでしょうか。

語学中級者には「生きた語学学習」に、上級者にはビジネス利用を

クラブハウスは、さまざまなルームがあります。聴くだけで得するケースもあるのです。例えば「語学学習」。クラブハウスはアメリカ発のサービスですが、すでに世界中にユーザーがいます。実際に開催されているルームの紹介を見ると、英語のものもあればロ

シア語のルームもあり、また中国語やアラビア語と思われるルームもあります。

それらのルームでは、ほとんどがルームの説明に書かれた言語で会話されています。例えば、英語で書かれたルームに参加してみると、そこでは英語で会話されています。それも、生の英語です。

英会話が少しできるようなら、思い切って挙手し、スピーカーになったら実際に英語で会話に参加してみるのもいいでしょう。実際に英語を使って生活やビジネスをしている相手と、英語で会話するのです。生きた英語に触れる絶好のチャンスです。

英会話だけでなく、中国語やロシア語、アラビア語などの会話も学習できます。それらの外国語の生の会話を聴くなどという体験は、現実にはそれほど多くないのではないでしょうか。語学学習者にとってクラブハウスは、最高の教材となるのです。

もちろん、語学に堪能な人は、海外の著名人のルームに入って聴いたり、ルームを作ってビジネス利用したりもできます。

これらのルームを見つけ、参加するには、自分のプロフィール画面の設定を指定し、Interests 項目をタップして、興味のある分野を追加しておきましょう。特に「Languages」分野にはさまざまな言語の項目があります。これらの興味分野を設定しておけば、クラブハウスのホーム画面に関連するルームの情報が表示されるようになります。このなかから、ルームの説明を読んで参加できそうなルームに入り、聴いてみるといいでしょう。

文字でも、写真でもなく気軽に使えるから「ある層」に広がる

新しいコミュニケーションの形として、音声SNSが有望なのは、超高齢社会を考えてもわかります。

日本で超高齢社会が問題になってきたのは、それほど最近のことではありません。総務省の推計によれば、総人口に占める65歳以上の高齢者の割合は、28・7％となっており、しかも総人口が減少傾向にあるため、高齢化率は今後とも上昇し続けるだろうと予想されています。

これからもっと超高齢社会が進行していくのです。この傾向は日本だけではなく、多くの先進国に見られる現象でもあります。特に多くの人口を抱える中国では、1979年から2014年まで続けられた「一人っ子政策」のため、今後は急速に日本以上の高齢化が進行すると予測されています。

高齢者にとって、スマホやパソコンの画面でテキストを読んだり、画像を閲覧するのは、わりと苦労するものなのです。動画も、テレビなどの大画面で視聴するなら問題ないのですが、スマホやパソコンの画面ではやはり苦労します。

それでも家族や友人、知人などと繋がっている実感はほしいもの。そこに音声だけで気軽にコミュニケーションがとれるクラブハウスが浸透したらどうでしょうか。

高齢者が移動せずとも気軽に会話ができて、娯楽にカラオケができる。全国のカラオケ大会もできるでしょう。そんな新しいユーザー層の広がりも考えられます。

実際に高齢者にとっては、音声で他人とコミュニケーションがとれるＳＮＳは、簡単に使えて便利だと歓迎されているようです。操作がもう少し簡便になり、誰もがワンタッチで複数のユーザーと会話を楽しめるようになれば、音声ＳＮＳはもっと普及し、社会に根付いていくのではないでしょうか。

第4章

いずれ日本もこうなる！海外のクラブハウス事情

音声市場が広がる！　ツイッター、インスタも音声機能をテスト中

クラブハウスの興隆のためか、従来のSNSがクラブハウスと同じように音声配信機能を盛り込もうとしています。

ツイッターではテキストだけでなく、画像や動画を埋め込んだ投稿も可能でしたが、このツイッターが20年夏ごろから音声ツイートの実験をスタートさせ、年末にはベータ版ながら「スペース（Spaces）」という音声チャットルームを始めました。

ただし、スペースを利用できるのは、現時点では誰もが利用できるというわけではありません。日本では21年2月からベータテストが行われており、当初はiOS（アイフォーンやアイパッド）のユーザーにしか使えず、利用できるユーザーも限定的です。

このスペースでは、スペースを開き、ここに参加した別のユーザーと会話することができます。絵文字やツイートの共有も可能で、英語版だけですが音声の自動文字起こし機能も提供されています。なお、現在はアンドロイドでもスペースに参加できるようです。

スペースを開いたユーザーがホストになり、ホストが許可したユーザーがスピーカーに

なり、その他のユーザーはリスナーになって聴くことだけができます。これも、クラブハウスとよく似た設計になっています。

クラブハウスと異なるのは、ツイッターユーザーならすぐに利用できる点です。もちろん、まだスペースを開けるのは限定された一部のユーザーだけですが、クラブハウスのような招待制ではないため、正式版がスタートすれば誰でも簡単に音声チャットを楽しむことができるようになります。

インスタグラムでも、クラブハウスに対抗する機能として「ライブルーム（Live Rooms）」を導入するとアナウンスしています。

このライブルームは、最大4人のユーザーが参加できるというもので、これまで同時に2人で行えた同時ライブ配信を、4人まで可能にしたもの。ライブ配信というのは、ライブで動画を配信できる機能で、配信時だけフォロワーがこのライブを閲覧できます。

ライブルームはこのライブ配信を4人で行えるというもので、「複数のホストが参加するトークショーやポッドキャスト番組などを意図したもの」と公表しています。トークショーばかりでなく、他のユーザーとコラボしたり、フォロワー向けに質疑応答するなどといった、いわばイベントにも使用できるでしょう。

クラブハウスと異なり、ビデオでライブ配信が行えるわけで、音声に特化したものではありません。それでもライブで音声も聴けるという点で、インスタグラムも音声配信に力を入れ始めたとみることができるわけです。

フェイスブックも開発中？
音声SNSが次世代のスタンダードになる理由

ツイッター、インスタグラムと並ぶもうひとつの大手SNSであるフェイスブックも、クラブハウスに対抗する音声配信機能を盛り込もうとしている、と報じられています。

アメリカで経済・金融情報の配信や通信社、放送事業などを手掛ける大手総合情報サービス企業であるブルームバーグ（Bloomberg）の報道（21年2月11日）によれば、フェイスブックは社内の複数の開発チームが、クラブハウスと競合するような音声チャットサービスの立ち上げに向けて動いているそうです。

もともとフェイスブックには、20年に同社の「メッセンジャー」（会員同士でメッセージをやりとりできる機能。ツイッターのDMに近い）にメッセンジャー・ルーム（Messenger

Rooms）という機能が盛り込まれました。これはウェブ会議ツールのズームに対抗する機能で、最大50人までのユーザーでビデオチャットが行えるものです。この機能を代用すれば、音声チャットも可能になりますが、参加できる人数に制限があるため、クラブハウスと比較するとちょっと弱いのでしょう。

フェイスブックは後発のＳＮＳやサービスを真似て、自社のサービスに取り込むことがよくあります。また、ＳＮＳそのものを吸収してしまうこともあります。インスタグラムがそのいい例で、２０１０年にケビン・シストロム氏とマイク・クリーガー氏によって作成・開始されたインスタグラムは、12年にフェイスブック社に買収され、現在はフェイスブック社が運営しています。

クラブハウスも、ことによるとフェイスブック社が買収し、フェイスブックのサービスの一部となるなどといったことも予測されますが、未知数です。ツイッター社がクラブハウスの買収に動いていた、といった報道もあります。

ツイッター、インスタグラム、さらにはフェイスブックでさえも、この音声ＳＮＳ、あるいは音声によるチャットに興味を示し、類似機能の開発を模索、あるいはすでにベータ版を稼働させていることを考えれば、クラブハウスのような音声チャットは、今後SNSの主流に躍り出る可能性も十分にあります。

音声チャットや音声配信はこれからが本番です。今、慣れている人ほど、これから音声市場でも活躍できるのです。

「アンドロイド版開発」「招待性廃止」「サブスクリプション」……気になる新機能

アプリとしてはごく単純な機能しか持たないクラブハウスですが、もちろんこのまま開発が終わってしまうわけではありません。21年3月21日に開催されたクラブハウス・タウンホールというイベントでは、クラブハウスの共同創業者であるポール・デイヴィソン氏によって、クラブハウスの今後の計画についても発表がありました。

クラブハウスの「アンドロイド版の開発」が始まっていることは前述しましたが、21年初夏には公開できるのではないかとのこと。本書が書店に並ぶ5月頃には、アンドロイド版のクラブハウスのベータ版（試用版）ぐらいは配布されているかもしれません。

ホーム画面に表示されるルームのリストや、通知機能で送られるお知らせなどを、ユーザーが設定できる「パーソナライズ機能」も搭載される予定だそうです。

また、アカウントを作成するための招待制は、今後は廃止する方向で進んでいるようです。招待制がネックになって、興味があるもののまだ会員登録していないという人も少なくないでしょうが、今後は誰でも簡単に登録でき、サービスが利用できるようになりそうです。

クリエイター向けのサービスも、今後は充実させたいとポール・デイヴィソン氏は語っています。クリエイターというのは、ルームを開催するユーザーになりますが、聴取者を増やしたり、スポンサーを付けたり、また「有料イベント」を開催できるようにもなりそうです。

クラブハウスのビジネス化、あるいはマネタイズは、現在はユーザーのアイデアと工夫によって行われるもので、大きくマネタイズに成功しているといった例はまだ出てきていません。システム側が、これらの点を考慮した機能を盛り込み、有料イベントを開催する機能や、定期的なルームの開催による購読料金の支払いなどの機能が盛り込まれれば、いま以上にクラブハウス人気も高まるでしょう。

また、あるテーマで定期的に開催される有料ルームに複数参加するユーザーには、サブスクリプションの課金も行われるようになるかもしれません。コンテンツビジネスでは、いまサブスクリプションはもっとも注目されており、導入しない理由はないでしょう。

これらの具体的な内容やツールといったものに関しては、まだ内容も詳細も発表されていませんが、いずれアクティブなユーザーが手軽なマネタイズが可能になり、現在のユーチューブのように、クラブハウスで収益を上げる、人気「クラブハウサー」といった人々が出てくるようになるかもしれません。

アメリカと日本で流行った時期に差がない?

日本には8600万人のユーザーがいて、国民的インフラとさえ評されているラインを利用していないというユーザーは一定数います。これは本書の冒頭に記したイノベーション理論の、最後の層であるラガード(遅滞者)だともいえますが、インターネットやスマホの利用者が二極分化してもいるのです。

クラブハウスはアメリカ発のサービスですが、実際にアメリカでは普及しているのでしょうか。日本では21年1月末から人気が沸騰し、ユーザー数も激増しました。その日本の人気を見れば、アメリカでも爆発的に普及している、と考えられそうですが、どうやらそうでもないのです。

実はアメリカでクラブハウスの話題が出てきたのは、日本で爆発的に人気となった時期とそう変わりません。クラブハウスのことがアメリカのメディアに登場したのは、20年12月末のニューヨーク・タイムズでした。「Clubhouse Makes Way for Influencers」と題された記事で、ユーチューブやティックトック（Tik Tok）では人気ユーザーがインフルエンサーになったが、次はクラブハウスの番だ、といった論調でＳＮＳとしてのクラブハウスを紹介したものです。

アメリカでクラブハウスが始まったのは20年４月のことですから、メディアで紹介されるまで８カ月も要したことになります。まったく注目されていなかった、といってもいいでしょう。

21年に入ってからは、１月30日付けのワシントン・ポストに紹介され、さらに２月４日にはニューヨーク・ポストが「What is Clubhouse? Everything to know about the invite-only app」（クラブハウスとは何？　アプリの招待制について、皆が知っておくべきこと）と題した記事を掲載しています。

この頃からアメリカでも、クラブハウスが少しずつ話題になりはじめたのですが、日本では同じ頃、ネットニュースやテレビなどでクラブハウスとはどんなサービスなのかといった特集が組まれるほど話題になっていました。

クラブハウス発祥のアメリカと、遅れて開始された日本とで、なぜ、これほど熱気に差が出たのでしょうか。それはアメリカのクラブハウスの使い方と、日本での使い方とで大きく差があったからです。

実は、SNS大国日本！　クラブハウスの使い方は日本がリード？

前にもふれましたが、クラブハウスがアメリカのメディアに登場したのは、21年1月末頃にクラブハウス内で開催されている「ザ・グッドタイムショー（The Good Time Show）」というルームに、テスラCEOのイーロン・マスク氏が出演し、さらにフェイスブックＣＥＯのマーク・ザッカーバーグ氏が出演するなど、超有名人がクラブハウスに降臨したからでしょう。「こんな有名人が出演するクラブハウスって、何だ？」と人々の疑問と興味をひいたのです。

一方、日本ではまず芸能人がクラブハウスを使い、その感想をＳＮＳやテレビ番組で公開していました。朝のニュース番組で取り上げられるなど、芸能人を中心にメディアが次々と特集を組んでいました。

アメリカはＳＮＳ大国だとみなされています。実際、ツイッターを始めとしてフェイスブックやインスタグラムなど、現在世界中でユーザーを集める大手ＳＮＳは、アメリカで設立されてサービスがスタートしています。

もちろん、最近ではティックトックのように中国企業が始めたＳＮＳが、世界中を席巻している例もありますが、これまでの多くのＳＮＳが、まずアメリカからスタートしており、そのためアメリカはＳＮＳ大国だとみられているのです。

しかし、ツイッターのユーザー数を見ると、アメリカが1位で４９００万人なのに対し、日本は2位で３７００万人（ともに19年4月）となっています。人口と対比すれば、アメリカ（約3億２７７５万人）と日本（約1億２５８１万人）はほぼ3倍の違いがありますから、SNSのユーザー数も3倍ほどの差があってもいいでしょう。日本は、SNSに熱心に取り組んでいると考えられます。

クラブハウスはアメリカではまず一般ユーザーよりも、ゲストを交えて良質なコンテンツを発信するような、いわばメディアに近い使われ方をしていました。ラジオ番組に近いのです。

一方、日本のクラブハウスユーザーは、友人や知人と集まって日常会話を楽しむのに使っていました。もちろん、なかにはゲストを迎えて社会的なテーマで議論する、といったルームもありましたが、多くは喫茶店などで会って他愛ない話をするような、ごく気楽な使い方をしていました。

クラブハウスをメディア的に利用すれば、良質なコンテンツを作成してマネタイズも可能になるかもしれませんが、SNS本来のユーザー同士の繋がりを目指せば、日本的な使い方が主流になるでしょう。

どちらが良いとか悪いといった問題ではなく、SNSの利用目的や使い方そのものが異なっているのです。そして横の繋がりに注目し、ユーザー同士がゆるく繋がることで、新しい世界や新しい居場所を作り出そうという使い方が、ごく一般のユーザーには主流となっていくのではないかと考えられます。

それらのユーザーのなかで、収益化を目指し、コンテンツを配信するメディア的な使い方のユーザーも出現し、両者が混じりながら新しいSNSが発展していくのではないでしょうか。

国を動かすSNS、中国ではシャットダウン！

アメリカや日本ばかりでなく、クラブハウスのユーザーは世界中にいます。そのなかでも中国のユーザーが、爆発的に増加した時期があります。

グーグル・トレンドで見ると、中国でも日本と同じように、21年1月末から「クラブハウス」の検索が激増しています。

検索のピークは、21年2月7日となっていました。中国でもクラブハウスは、21年1月末ごろから急激に利用されはじめたのです。

中国でも、最初はセレブや著名人の会話が聴けることで、クラブハウスが話題となり人気になったようです。しかし、すぐにルームのテーマが変わりました。台湾問題や香港問題、それにウイグル人の問題です。1月末から2月初めにかけて、これらのテーマで議論されているルームがいくつも開催されていました。しかも、中国人と台湾人が何千人も参加し、台湾問題について冷静に議論していたルームさえあります。

これらのテーマは、現在の中国が抱えている大きな問題ですが、中国国内では声高に台湾、香港、ウイグルといったことを話題にはできません。しかしクラブハウスなら、ルーム内の会話はライブで行われ、しかも録音が禁止されており、誰がどんな発言をしたのかという記録は残りません。プライバシーが守られており、自由に思っていることを発言したり、これらの問題に対して議論を行うのにクラブハウスは実に適していると考えられたのでしょう。

ところが2月8日夜、中国では突然、クラブハウスにアクセスできなくなってしまいました。グーグル・トレンドで「クラブハウス」の検索数が、2月7日をピークにあとは急激に下降しています。

中国当局は、インターネット上で公開される内容などを検閲し、不都合なものは制限しています。この日も、中国当局がクラブハウスへのアクセスをシャットダウンし、一般の人々がクラブハウスを利用できなくなってしまったのです。

このような事例は過去にもあります。かつて２０１０年から１２年にかけて、中東では大規模な反政府デモが起きました。このときデモに参加しようとする民衆が活用したのが、ツイッターを代表とするＳＮＳでした。これを「アラブの春」とも呼んでいますが、ＳＮＳが政府を動かし、あるいは転覆させ民主化に導く武器になったのです。

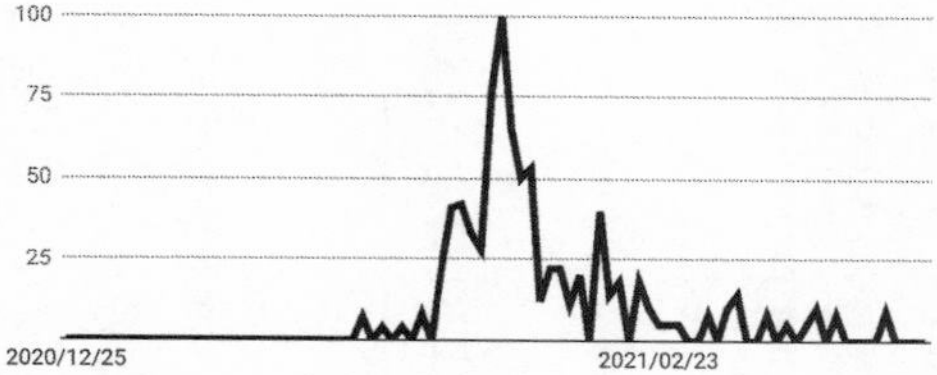

中国でのClubhouse検索傾向（グーグル・トレンドより）

中国当局は、ＳＮＳやインターネットの力をよく理解しているのでしょう。世界中でサービスを提供しているツイッターが、中国では利用できないのも同じ理由です。中国ではウェイボー（Weibo、微博）というツイッターと同じような機能の短文投稿ＳＮＳがあります。しかし、このウェイボーでさえ中国当局の監視下にあり、香港や天安門事件、ウイグルなどの話題が出ると、投稿が即座に削除されてしまいます。

中国では、クラブハウスという音声SNSが、当局にとって脅威になると予測し、これを利用できないようシャットダウンしたのです。逆にいえば、クラブハウスはそれほど世の中に影響力を持つSNSだといえるでしょう。

クラブハウスは安全か？　グローバル時代の懸念

ツイッター、フェイスブック、インスタグラムなど、現在多くのユーザー数を集めるSNSは、そのほとんどがアメリカで生まれ、世界に広がってきましたが、最近ではウィーチャット（WeChat、微信）やティックトック、ウェイボーのように、中国で誕生して世界に広がったSNSも出てきました。

ウィーチャットはインスタントメッセージングアプリで、日本でいえばラインのような機能のアプリです。ユーザーは中国人が多いのですが、世界200の国と地域をカバーしており、ユーザー数は11億人を超えています。

中国のツイッターとも言われているウェイボーでは、会員数は世界中で約6億人以上ともいわれており、本家ツイッターが約3億5000万人ですから、2倍近くにもなります。

ティックトックは、短い動画を投稿するミニ動画投稿サイトですが、こちらは17年にサービスを開始するやいなや、またたく間に世界中に広がり、ユーザー数は6億8900万人にも達しています。

中国では、ツイッターやフェイスブックといった世界中で多くのユーザーが利用しているSNSが、当局によってシャットダウンされて利用できないため、ウィーチャットやウエイボーが誕生し、多くのユーザーに利用されています。ただし、これらのSNSでも当局の監視が行われています。

これらの理由から、中国発祥のSNSは怖くて利用できない、といった意見も出ています。ティックトックのように、中国以外の国で投稿された動画も、中国当局に監視され、当局に不都合な動画は削除または公開中止にされる、といったケースもありました。

では、クラブハウスはどうでしょう。クラブハウスはアメリカ発祥で世界に広がり、とくに中国とは関係ないように思われますが、実はクラブハウスのデータが中国に送られており、当局がデータにアクセスできるのではないか、といった懸念が出ているのです。

前述のようにクラブハウスは中国・上海にあるアゴラ社からＡＰＩの提供を受けています。ユーザーごとに独自のＩＤとルームＩＤが付けられますが、これが平文（暗号化されていない文字列）でやり取りされているため、アゴラ社が音声データにアクセスできる可能性が高いことが判明したのです。中国では、国家安全保障の保護や犯罪捜査のために、国家が必要と判断すれば企業が保有するデータを提供することが義務付けられています。


クラブハウス側は、データを中国国内のサーバーに送信しないよう、暗号化措置を追加すると発表しており、実際にデータが中国国内のサーバーに送られなくなれば、この点ではセキュリティの懸念は解決するでしょう。

しかし、つい最近もラインのデータが中国と韓国のサーバーに分割して保存されている、という問題が判明し、ラインではすべてのデータを国内に移転するよう善処すると発表しています。

インターネットの普及と高度な発展で、さまざまなサービスがグローバル化されてきました。それにともない、セキュリティの問題も噴出しています。クラブハウスも例外ではありません。クラブハウスで政治的な会話などを楽しみたいといったユーザーは、そんな懸念があることだけは十分に認識しておきましょう。

首脳会談がクラブハウスで配信される日

ツイッターでは政府に反対する人々が連絡を取り合い、アラブの春を実現したように、あるいはトランプ前アメリカ大統領が過激な発言をくり返したり、さらに日本でも政府からのお願いがツイートで流れ、野党の政治家が大臣に向かってケンカを売るように意見をツイートするといった例が、日常的に行われています。日本で大きな地震が起これば、すかさず台湾の蔡《さい》総統がお見舞いのツイートを発信してくれたりしたこともあります。

インターネット以前、ＳＮＳ以前の世界では、考えられなかったようなことが実際に起こっているのです。

クラブハウスはこの状況を、もっと劇的に変化させるかもしれません。プライベートでクラブハウスのルームで話をしていたアメリカ大統領が、たまたま覗いていた中国の主席を見つけて会話に誘い、ルーム内で首脳会談が始まる、などといったことが起こる可能性は、決してゼロではないのです。ツイッターや他のSNSと異なり、音声SNSにはそんなリアルな会話を実現させる可能性があります。

クラブハウスでの会話は、どの国のどこにいようが、インターネットに接続してサービスが利用できれば、いつでも成立します。もちろん、だからといってクラブハウスで首脳会談が突発的に始まるなどと期待はしませんが、事前に時間を決めてルームを開催するような正式な会談なら、それも可能なはずです。

首脳会談などとはいわず、与野党の政治家が時間にとらわれずにじっくりと議論をすることだってできます。それを何百、何千という多くのユーザーが簡単に聴くことができ、場合によってはその議論に参加することだってできるのです。テレビやラジオよりももっと手軽で、もっと簡単に、そんなことを実現できるのがクラブハウスです。

そう考えると、多くのSNSのなかでもクラブハウス、あるいは今後出てくるであろう音声SNSは、非常に多くの可能性を秘めており、期待することもできます。

コロナ禍のなかで、突如スタートした音声SNSのクラブハウスは、SNS全盛の現代に新しい可能性と未来を切り拓く、まったく新しいツールだと断言できます。

第5章

ゼロから解説「始め方」「使い方」

クラブハウスを始める――アカウントの事前登録

すでに使用されている方もいらっしゃるかもしれませんが、最後にクラブハウスの使い方を紹介します。

クラブハウスは音声SNSに分類されるサービスですが、このサービスを利用するためには専用のアプリが必要です。4月1日現在では、まだアップル社のアイフォーン向けのアプリしか配布されていません。

アイフォーン向けアプリは、アップストアからダウンロードしますから、アイフォーンでアップストアのアイコンをタップして起動し、表示されたアップストアの画面の検索アイコンをタップ。表示された検索画面で、「Clubhouse」と記入して検索してみましょう。

これでクラブハウスのアプリが表示されます。なお、似たような名前のアプリがありますが、ソーシャルネットワークに分類されているもの、あるいは配布元が「Alpha Exploration Co.」となっているか確認してください。

クラブハウスのアプリをインストールしたら、アイコンをタップして起動します。すると「Welcome!」と書かれた画面が表示されます。

前述したように、クラブハウスはすでに会員になっているユーザーから招待されることではじめてアプリやサービスが利用できるようになります。まだ招待されていない人は、この画面が表示されてもサービスを利用したり、会員登録したりといった作業はできません。しかし、この画面でアカウントの仮登録を行い、友人や知人から招待されるのを待っていられます。

アカウントの仮登録を行っておくと、アカウント名を仮おさえできます。クラブハウス内では設定した名前が表示されますが、アカウントは自分が設定した独自の名前になります。この独自のアカウント名を、仮登録によっておさえておけるわけです。

クラブハウスのアプリを起動したら、最初に表示された画面で

アップストアでClubhouseを検索する

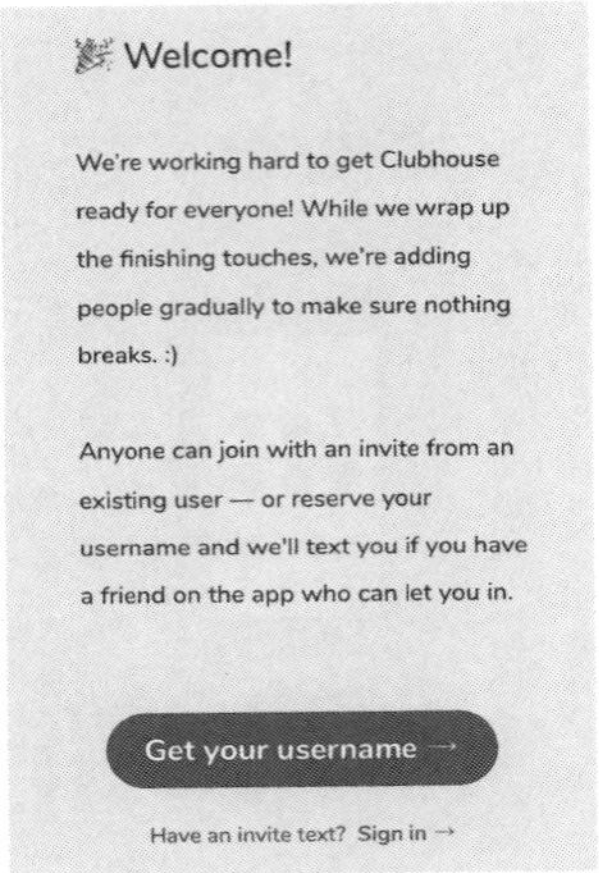

クラブハウスの起動画面。この画面でアカウント名を仮登録する

「Get your username」をタップします。すると電話番号の入力画面に変わります。

クラブハウスのアカウントは、ユーザーの電話番号に紐付いています。実はクラブハウスはこの電話番号だけで、他のサービスのようなパスワードは不要です。電話番号を入力すると、この番号にＳＭＳ（ショートメッセージ）が送られてきて、このＳＭＳに記入されている認証コードを入力することで、サービスにログインして利用することができるようになっています。

また、一度登録してアカウントに紐付けた電話番号は、後から変更することはできません。今後、電話番号の変更機能が盛り込まれるかもしれませんが、現状ではクラブハウスのアカウントは登録したときの電話番号だけでしか利用できません。電話番号が変わるような機種変更に対応していないので、注意してください。

なお、クラブハウスのアカウントがＳＭＳを受け取れる電話番号にのみ対応しているということは、逆にいえばアイフォーンやアイパッドなどｉＯＳの端末があり、別途ＳＭＳを受け取れる端末があれば、これでアカウントを作成してクラブハウスを利用できるわけです。

従来のガラケーやアンドロイド端末でも、こちらでＳＭＳを受け取り、アイフォーンやアイパッドでクラブハウスのアプリを起動して設定すれば、たとえＳＩＭカード（電話番号などが記録されているカード）が入っていなくてもクラブハウスが利用できるわけです。

電話番号を記入したら、「Next」ボタンをタップ。すると記入した電話番号にＳＭＳが送られてきますから、このＳＭＳに記入されている認証番号を記入します。

次に、名前を入力する画面に変わります。クラブハウスは実名制ですから、本名で登録するのが原則です。もちろん、ペンネームや芸名で仕事をしているような場合は、他のユーザーにもわかるようそれらを設定してもいいでしょう。

名前を記入したら、次はユーザーネームの設定です。これはクラブハウスのアカウントだと考えればいいでしょう。クラブハウスの画面ではアイコンとともに自分が設定した名前が表示され、これによって他のユーザーと区別できるようになっていますが、実名制のため他のユーザーと重複することもあります。

　そこで必要になってくるのがユーザーネームです。独自のユーザーネームを設定することで、他のユーザーと区別されます。ユーザーネームを記入すると、他のユーザーと重複していれば、別のユーザーネームを設定するように表示されます。

　ユーザーネームを設定し、「Next」ボタンをタップすれば、これで仮登録が完了です。あとは友人や知人から招待が届いて本登録を行えば利用できるようになります。

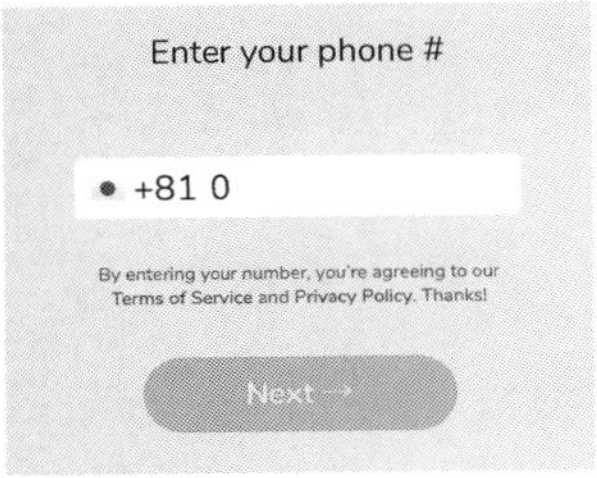

電話番号を記入し、Next ボタンをタップ

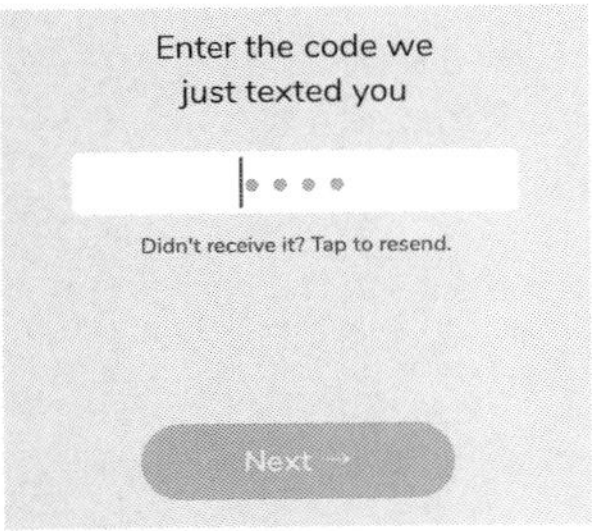

記入した電話番号に SMS が届くので、SMS に記入されている認証コードを入力する

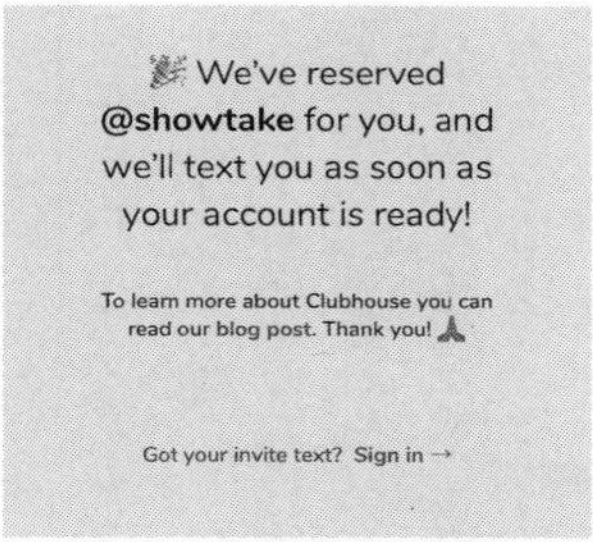

これで仮登録が完了。あとは招待されるのを待つ

名前を記入する。実名が原則。あとで２回まで変更できるが、最初から正しく記入しておいたほうがいい

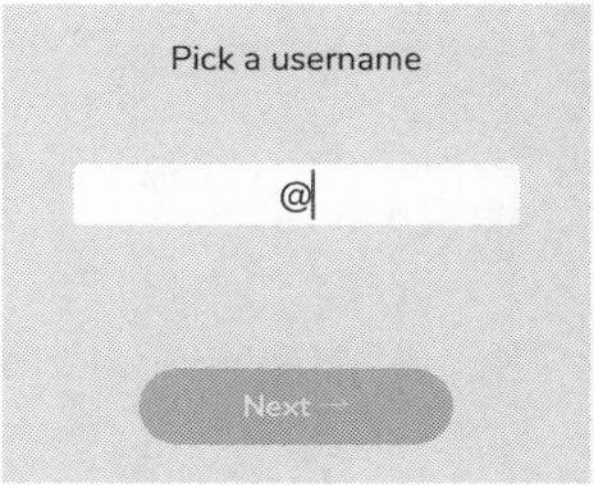

ユーザーネームを設定して記入。これがクラブハウス内のアカウントになる

招待とアカウント登録

クラブハウスの大きな特徴である招待制は、ユーザー同士の電話番号による招待になっています。すでに会員であるユーザーの電話帳に登録されている相手と、まだ会員ではないユーザーの電話帳に登録されている相手とがマッチしたとき、会員がまだ会員でないユーザーを招待できるわけです。

つまり、互いの電話帳に相手の電話番号がそれぞれ登録されてはじめて招待ができるようになります。互いに電話番号を登録していれば、すでに会員になっているユーザーがあなたを招待できます。招待してほしいときは、電話番号を登録してくれるよう相手にお願いしましょう。

なお、互いに電話番号を登録する必要があるため、SNSやオークションサイトなどで招待枠を購入した場合、電話番号を知らせる必要があります。見知らぬ相手に電話番号を知らせるのは、セキュリティの問題やトラブルの原因にもなりやすいため、十分に注意してください。

すでに会員になっている相手が、あなたを招待すると、クラブハウスへの招待が記載されたＳＭＳが届きます。このＳＭＳが届いたら、クラブハウスのアプリを起動し、表示された画面の下のほうにある「Have an invite text?」をタップします。

すると電話番号を記入する画面に変わりますから、招待された自分の電話番号を記入して「Next」をタップし、画面の指示にしたがって最初の設定を行います。

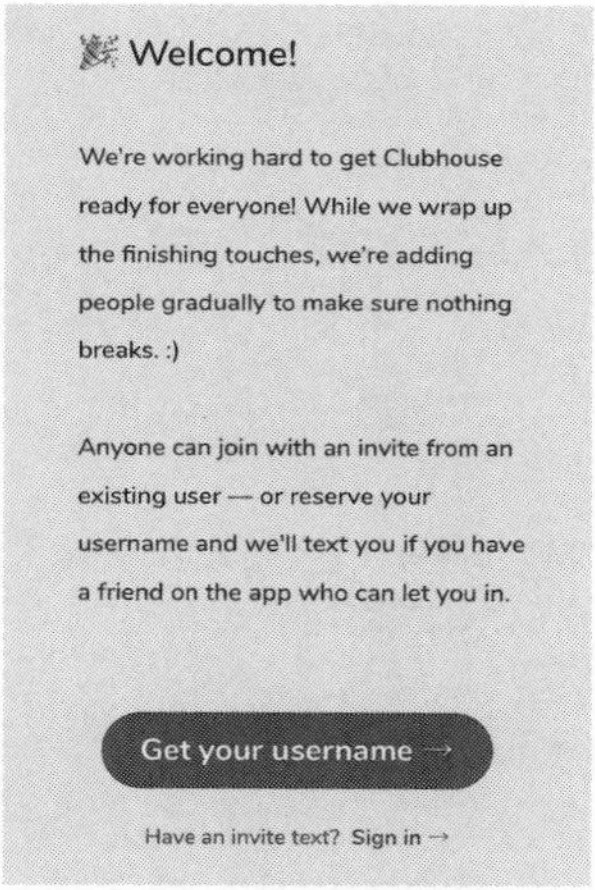

「Have an invite text?」をタップ

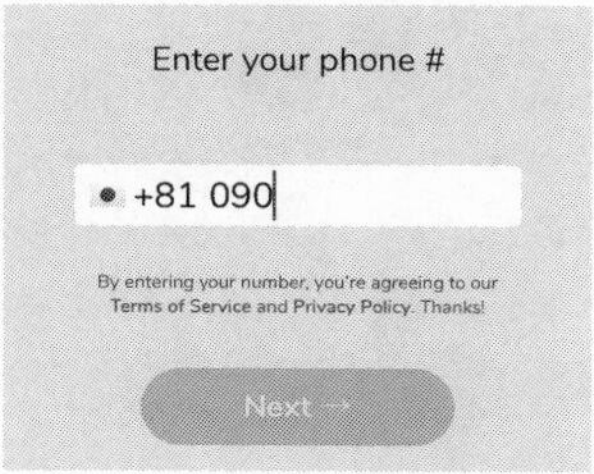

招待されたときの自分の電話番号を記入する

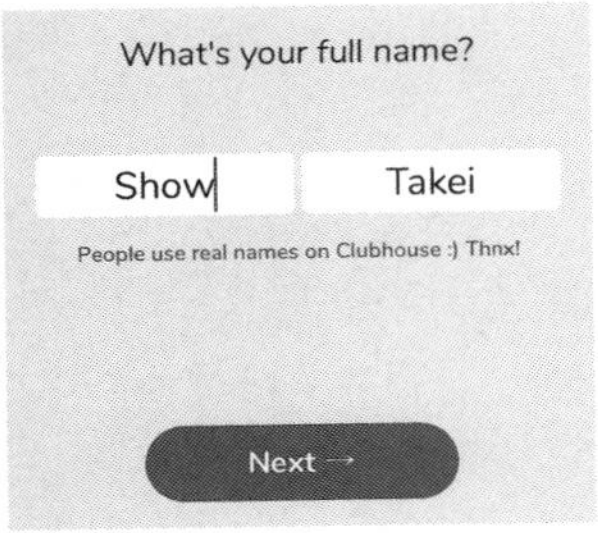

名前を記入する。仮登録時に記入した名前が表示されているから確認して「Next」をタップ

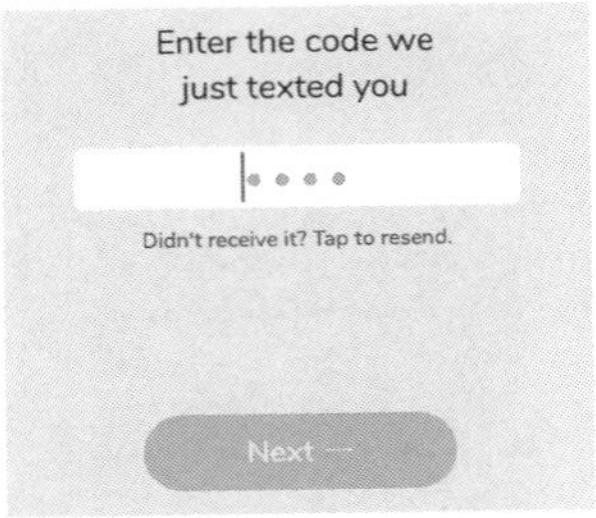

SMSが送られてくるから、記載されている承認コードを記入

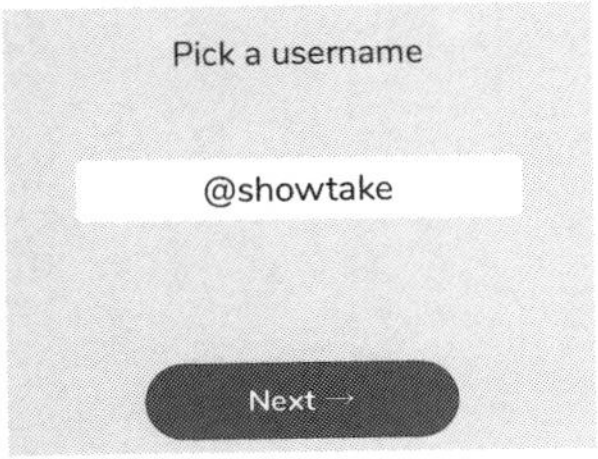

ユーザーネームを確認する。仮登録時に設定したユーザーネームになっていることを確認し、「Next」をタップ

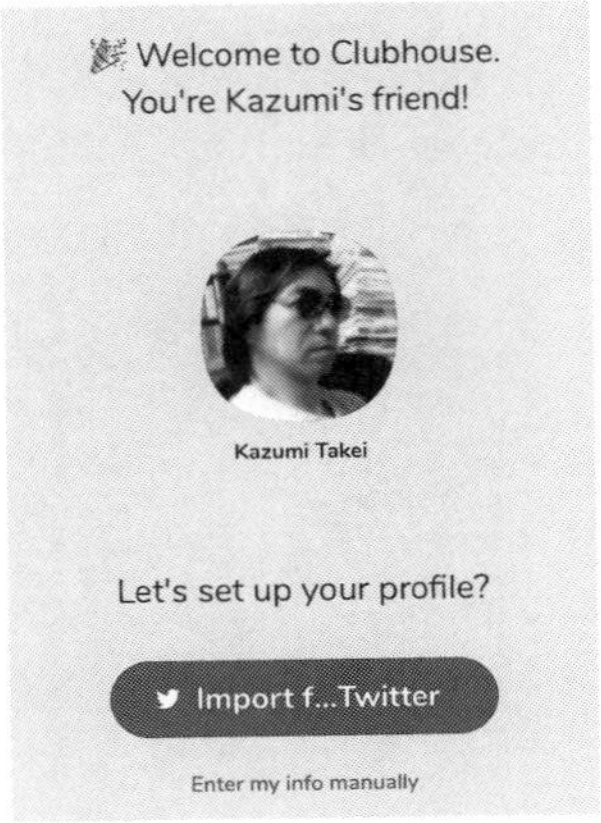

招待してくれたユーザーが表示される。「Enter my info manually」をタップする

最初の設定のなかには、後から変更できるものもいくつもあります。また、クラブハウスはＳＮＳですから、ユーザーをフォロー、他のユーザーからフォローされることで会員同士の交流ができます。

クラブハウスでの交流というのは、フォローしているユーザーがルームを開催すると、このルームに入って会話を聴いたり、ときには会話に参加して話をしたりすることです。最初の設定では、自分がフォローする人を設定します。

なお、実際にクラブハウスを利用し、どこかのルームに参加し、やはり同じルームに参

写真部分をタップし、自分の写真を選択して設定。これは後から変更することもできる

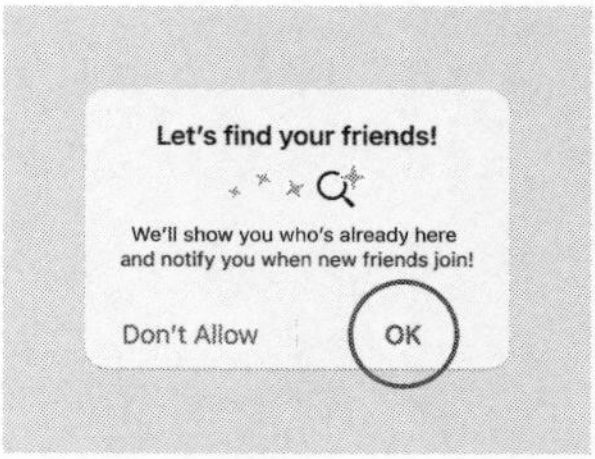

電話帳に登録されている友人・知人のうち、すでにクラブハウスの会員になっているユーザーを表示する。「OK」をタップすれば、ユーザーが表示される

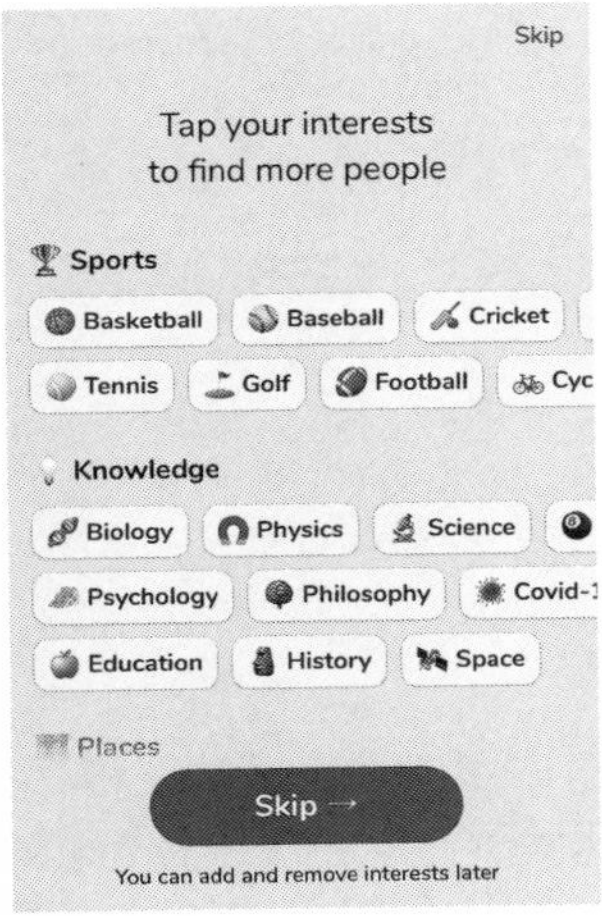

興味のあるテーマなどを選択する。これも後から設定・変更できる

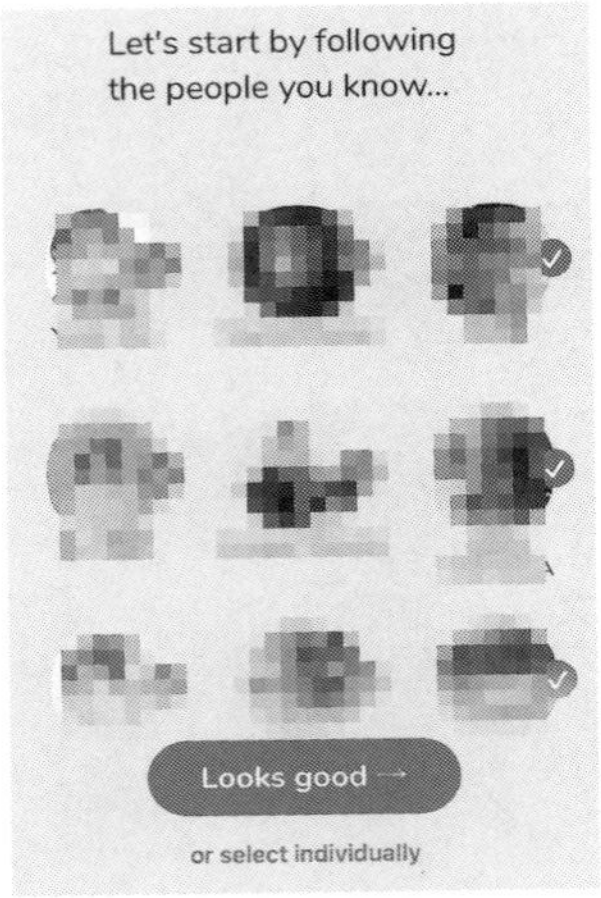

電話帳に登録されている人で、クラブハウスの会員になっているユーザーが表示された。フォローする必要がないユーザーがいれば、タップしてチェックマークを外す

加していく人をタップしてフォローする人を増やしていくこともできます。自分の電話帳に登録している人は、ほとんどが友人や知人ですから、最初からフォローしておくといいでしょう。

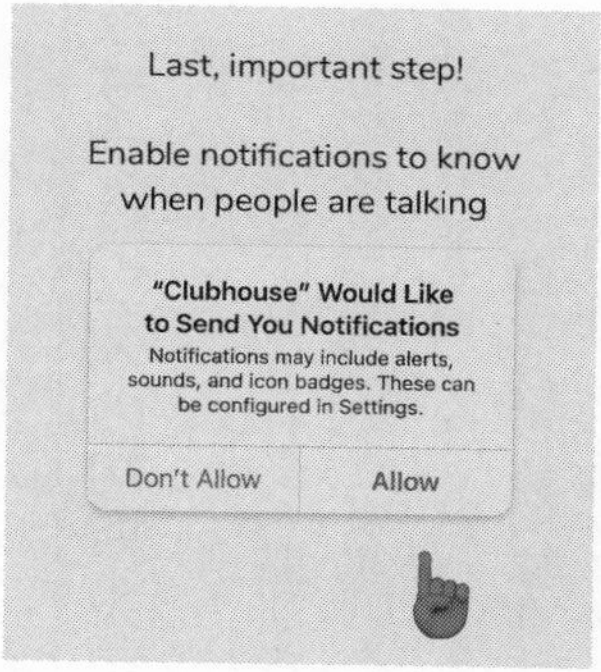

クラブハウスからのお知らせを受けとるかどうか指定する

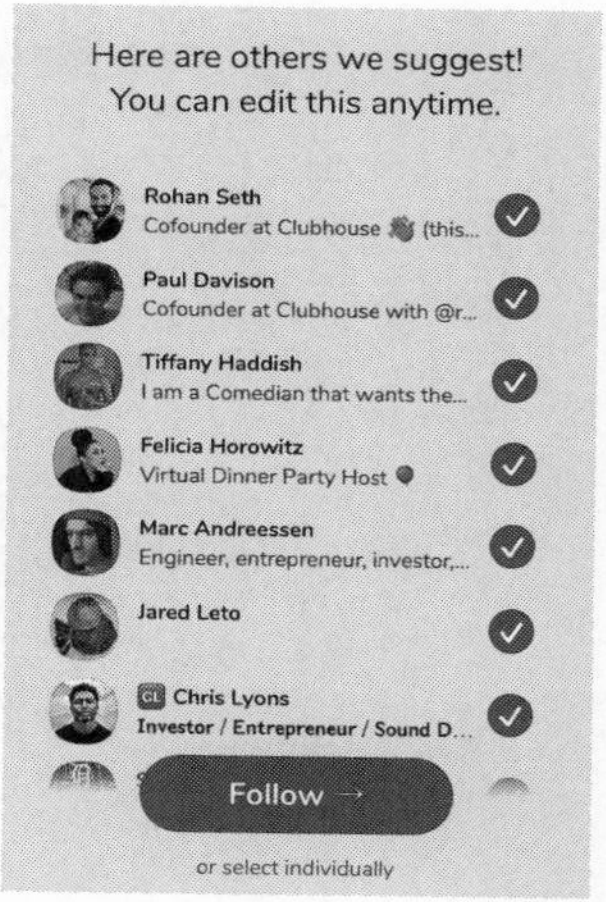

フォローするユーザーのおすすめが表示される。チェックマークを付けたり外したりして選択する

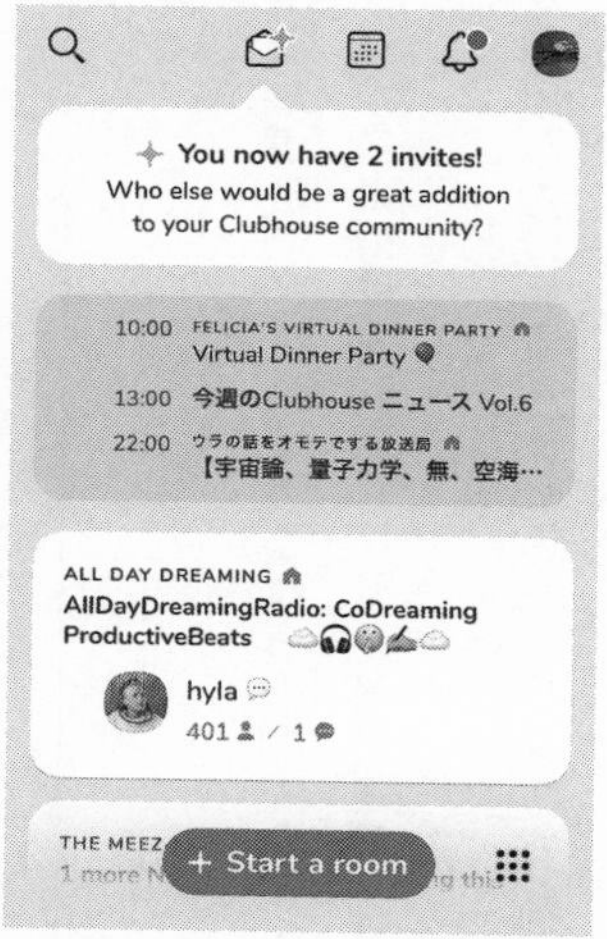

現在開催されているルームが表示される

クラブハウスの初期設定とプロフィール

最初の設定が終わり、開催されているルームが表示されれば、これらのルームに入って会話を聴くことができます。これでクラブハウスの機能を利用し、サービスを楽しめるようになりました。

ただし、もっと積極的にクラブハウスを利用したければ、早いうちにいくつかの項目を設定しておくといいでしょう。設定できる項目はそれほど多くありませんから、すべて確認しておくことをおすすめします。

クラブハウスの設定は、アプリの起動画面の右上にある自分のアイコンをタップし、さらに右上の歯車アイコンをタップすると設定画面に変わります。

設定画面には、いくつかの項目があります。順に説明していきましょう。

・Notifications（通知）

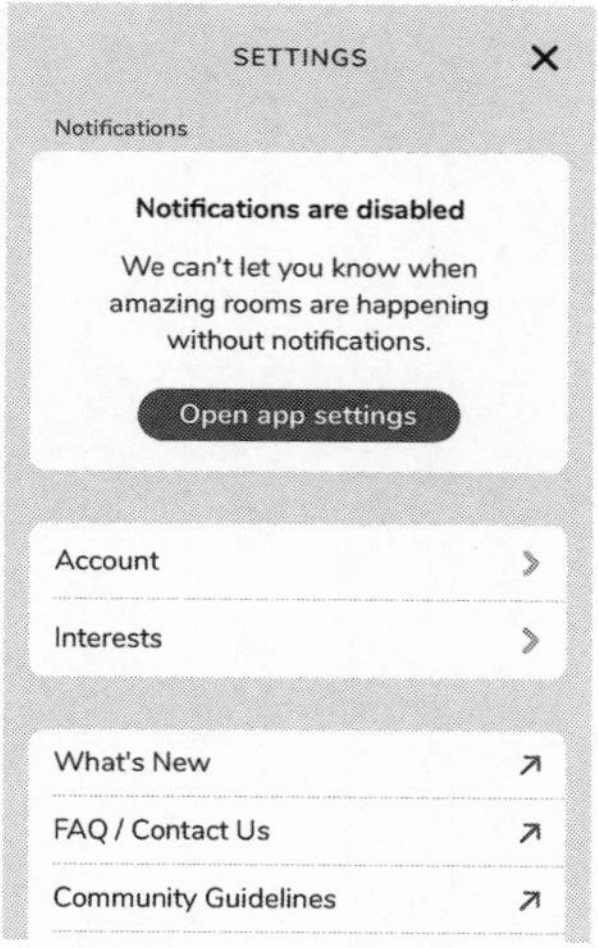

クラブハウスの設定画面

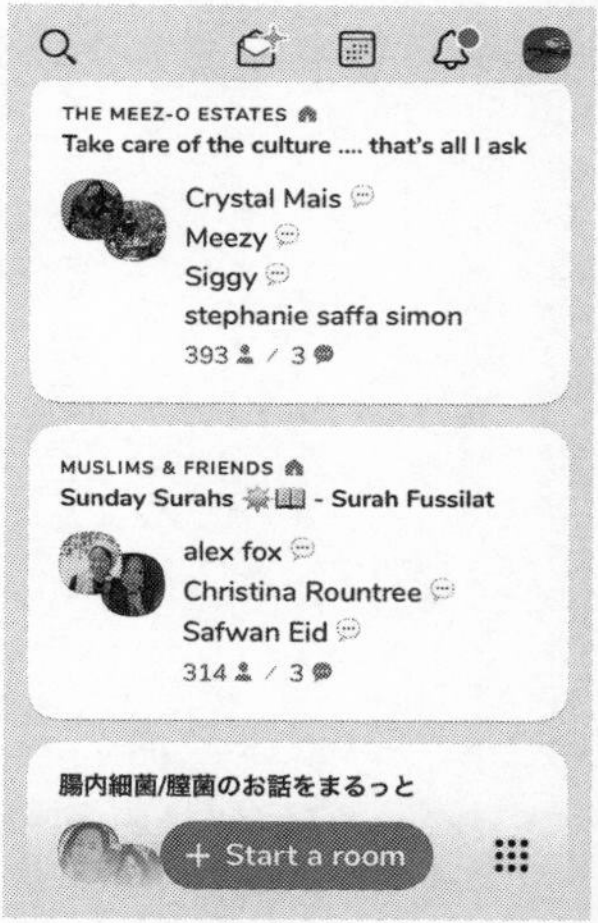

起動画面で右上のアイコンをタップ

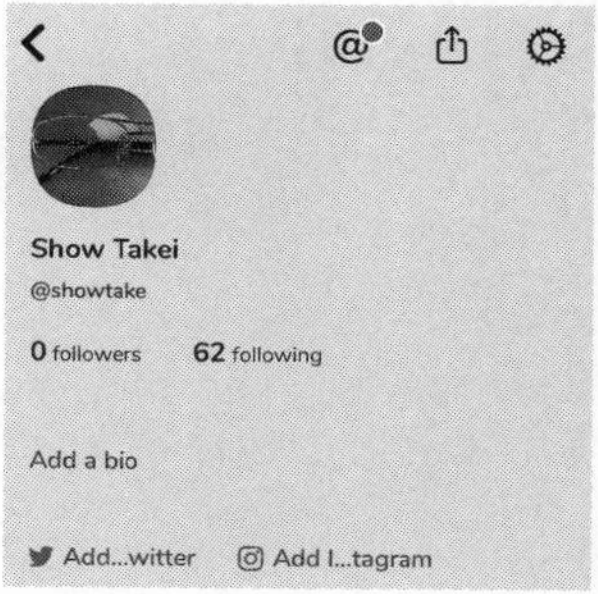

自分のプロフィール画面。右上の歯車アイコンをタップ

クラブハウスからの通知の設定です。フォローしているユーザーがルームを開いたり、他のユーザーからフォローされたりすると、クラブハウスからお知らせが届きます。「Pause Notifications」をタップすると、お知らせを受け取るかどうかの設定が行えます。

なお、フォローしているユーザーが多くなり、開催されるルームが多くなると、クラブハウスから数多くの通知が届くようになります。通知がわずらわしいときは、通知を止めてしまうか、数を少なくしましょう。

・Account（アカウント）

クラブハウスのアカウントと、他のＳＮＳのアカウントを連携する設定です。連携できるのは、ツイッターとインスタグラムの２つです。

また、クラブハウスのアカウントを停止する設定もあります。

・Interests（興味）

興味のある分野の設定です。クラブハウスではいくつものルームが開かれていますが、それを見つけるのは大変です。そこでシステム側からあなたの興味に合わせて、おすすめのルームを表示してくれます。この画面で、自分が興味のある分野を指定しておくことで、興味深いルームをおすすめして表示してくれるように設定するわけです。

表示されている分野をタップすると反転しますから、複数の分野を指定しておきましょう。

・What's New（最新情報）

クラブハウスからのお知らせです。アップデートのお知らせや、システムからの最新のお知らせなどが表示されます。

・FAQ/Contact Us（よくある質問、問い合わせ）

クラブハウスの使い方や、よくある質問などが掲載されています（英語）。ま

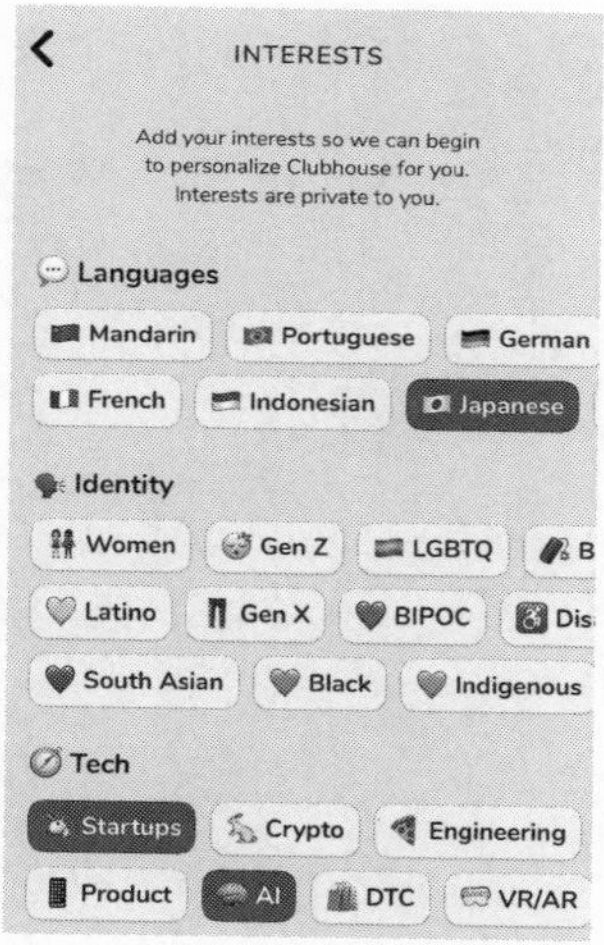

興味のある分野を設定しておこう

た、クラブハウスのツイッターアカウントへのリンクも記載されています。

・Community Guidelines（コミュニティガイドライン）
ユーザーが守るべきルールや、クラブハウス内で使用されている用語の説明などが記載されています（英語）。

・Terms of Service（利用規約）
クラブハウスの利用規約です（英語）。可能なら、事前に目を通しておきましょう。

・Privacy Policy（プライバシーポリシー）
クラブハウスが収集したユーザーの個人情報を、どのように扱うのかが書かれています（英語）。日本のサイトなどでは、「個人情報保護方針」などと呼ばれているものです。

・Log out（ログアウト）
クラブハウスからログアウトします。サービスから抜け、クラブハウスを切断します。

ただし、クラブハウスからログアウトする必要はほとんどありません。クラブハウスでは電話番号によってユーザーが特定されており、ログインするためにはＳＭＳによる認証が必要です。そのため、他のユーザーがあなたのアカウントやパスワードを使って不正にログインすることも困難です。

また、１つの電話番号で１つのアカウントのみ作成されますから、複数のアカウントを使い分ける、といった利用法はできません（電話番号が複数あれば、１人で複数アカウントを作成するのは可能）。

ですから、クラブハウスからログアウトする機会はほとんどないはずです。スマホの機種変更をし、新しい端末でクラブハウスを利用したい、といったときなどに古い端末でログアウトし、あらためて新しい端末でログインする、といった場合に利用します。

クラブハウスの画面の見方

クラブハウスアプリには、設定項目はそれほど多くありませんでしたが、まだいくつか設定できる項目があります。画面ごとに説明しておきましょう。

まず、アプリを起動したときに表示される画面です。ここには開催されているルームがいくつか表示されていますが、画面の上部にいくつかアイコンが並んでいます。

・検索
ユーザーやクラブを検索します。検索してヒットしたものは、ユーザーやクラブをフォローすることができます。

なお、クラブハウスでは実際に会話が行われているルーム（room）とは別に、クラブ（Club）もあります。これは何らかのテーマに沿ったコミュニティのようなもので、ルームはユーザーなら誰でも設定して開催できますが、クラブはシステムに申請し、許可されてはじめて設定できます。

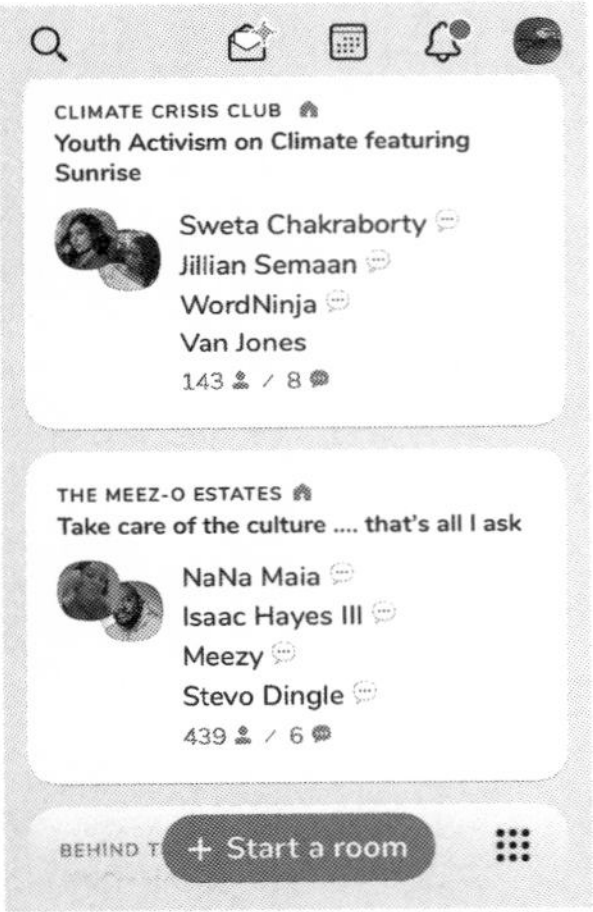

クラブハウスの起動画面

　また、クラブはある程度定期的な交流会を開く必要があります。ルームが個人用の部屋だとすれば、クラブはもう少し大きな趣味やアイデンティティが共通するユーザーの集まり、といってもいいでしょう。

現在はまだルームが主流となっていますが、そのうちクラブが主流になり、マネタイズの手段としても利用されるようになると予測されています。

検索機能では、このユーザーとクラブとが検索できます。

・招待

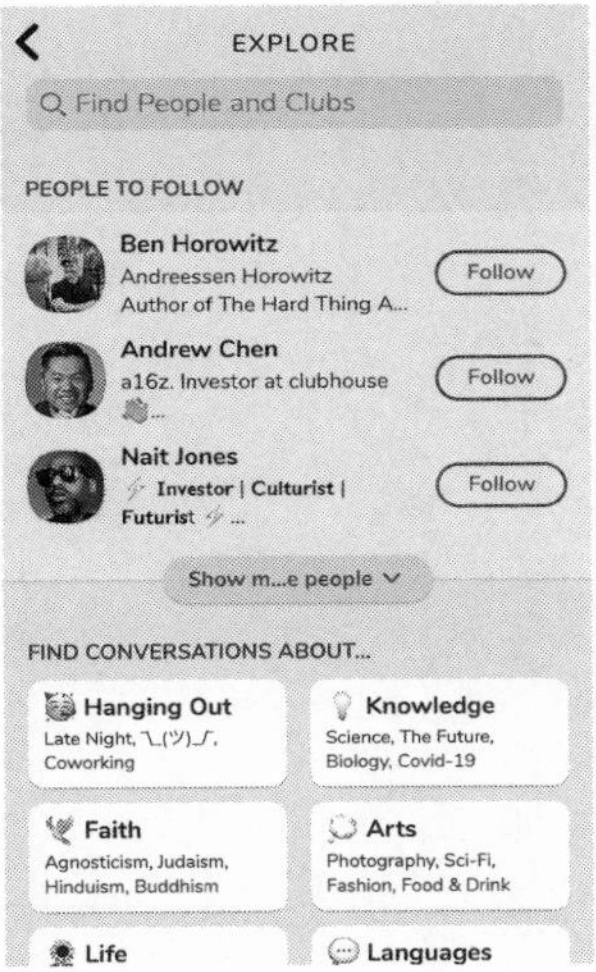

検索画面。ユーザーやクラブなどの検索が行え、検索結果からユーザーをフォローしたりクラブをフォローしたりできる

電話番号を知っているユーザーを招待します。クラブハウスに参加するためには、すでに会員になっているユーザーが、電話番号を知っているユーザーを招待することで利用できるようになりますが、そのための機能です。

このアイコンをタップすると、自分のアイフォーンの住所録が表示されるので、招待したい相手を探し、「Invite」ボタンをタップします。これで指定した相手を簡単に招待できます。

・カレンダー
会話が行えるルームは、日時を設定して開催することができます。設定されているルームが時系列に並んでいますから、参加したいルームがあればこれをタップし、カレンダーに登録することができます。

なお、登録できるカレンダーはアイフォーンのアップルカレンダーまたはグーグルカレンダーのどちらかとなっています。また、カレンダー画面で日時を指定し、自分が開催するルームの予定を設定することもできます。

・通知
クラブハウスからのお知らせや、フォローしているユーザーが開催するルームのお知らせなどが掲載されています。この通知のなかからルームをタップし、カレンダーに登録しておくこともできます。

・プロフィール

プロフィール画面では、自分のプロフィールに関するいくつかの設定が行えます。

プロフィール画面を開くと、クラブハウス内で表示される自分のアイコンや名前、自己紹介、招待してくれたユーザー、フォロワーなどの情報が表示されています。また、画面上部に３つのボタンが並んでいます。

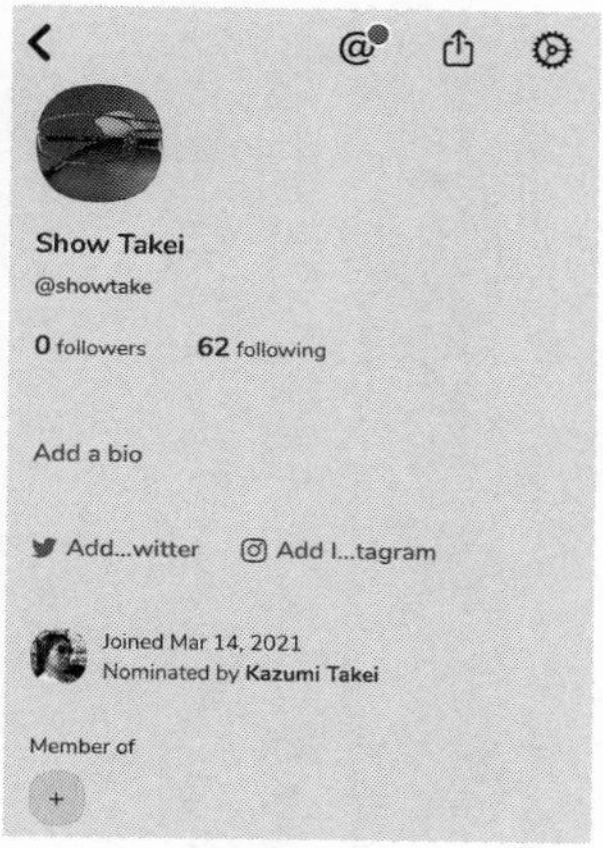

プロフィール画面例

画面上部に並んでいるボタンは、右から設定、共有、メールになっています。設定についてはすでに説明しました。

共有ボタンをタップすると、アイフォーンの共有メニューが表示され、自己紹介や名前などをメールやツイッターなど、他のアプリに送ることができます。

アットマーク（@）のアイコンは、アカウントを保護するために電子メールを設定する機能です。このアイコンをタップすると、メールアドレスを記入する画面があらわれますから、ここに自分のメールアドレスを設定し、「Verify」ボタンをタップします。すると記載したアドレス宛てにメールが届きますから、メール内の「Verify my Email」をクリック。これでメールアドレスが認証されます。

プロフィール画面には、自分の顔写真やアイコンも表示されています。このアイコンが、ルームに入ったときなどに表示されますから、自分が誰なのか他のユーザーにもわかりやすいよう、写真やイラストなどを設定しておきましょう。

プロフィールアイコンをタップすると、アイコンを変更する画面に変わります。その場で写真を撮ってアイコンにしたり、アイフォーン内のアルバムに保存されている写真を指定し、自分のアイコンに設定することもできます。

名前の部分をタップすると、名前変更画面に変わります。クラブハウスは実名を使うようになっていますが、ペンネームや芸名などで活動しているなら、そちらの名前のほうがわかりやすいでしょう。

また、海外のユーザーとも交流したいときは、漢字表記とアルファベット表記の両方を設定しておくのもいいかもしれません。

ただし、名前の変更が行えるのは2回までです。クラブハウスに登録したとき、アルファベットで設定してしまったが、日本人ユーザーとしか交流しないから漢字に直したいとか、適当な名前で登録してしまったが、規約通り実名に設定し直したい、といったときにこの機能を利用して名前を変更しておきましょう。

自分がフォローしている相手や、自分をフォローしてくれているフォロワーは、「following」「followers」の各項目をタップすると、一覧表示されます。

最後に、自己紹介です。これは「Add a bio」と書かれた部分をタップして設定します。bioというのはbiographyの略で、伝記とか経歴といった意味の英語です。クラブハウスでは、文章を書いてアップし、それを読んでその人の経歴や考えていることを読み取る、といったことができません。そのために、bioは詳しく、しかも簡潔に書いておいたほうがいいのです（82ページ）。

・Start a room
クラブハウスの起動画面には、画面下部に「Start a room」と書かれたボタンがあります。これはルームを設置するためのボタンです。ルームの設置方法については、後述します。

・オンラインユーザー

「Start a room」のとなりのアイコンをタップすると、自分がフォローしているユーザーのなかで、現在オンラインのユーザーを表示してくれます。また、名前を指定して、クラブハウスのユーザーを検索することもできます。

リスナーとモデレーターの役割

では、実際にクラブハウスを利用してみましょう。クラブハウスには、それほど難しい機能があるわけでもなく、また操作が複雑なわけでもありません。

クラブハウスで行えるのは、誰かが設置しているルームに入り、交わされている会話や話が聴ける。また、そのルームでルーム設置者などに許可されたら、話しができ、さらに自分でルームを開き、会話ができます。ルームで話を聴いたり、会話をしたりすることで、他のユーザーと交流するのがクラブハウスです。

この機能が利用できるのが、ルームです。その名の通り、ユーザーが集まる部屋だと思えばいいでしょう。話を聴いたり、他のユーザーと会話をする部屋です。

このルームを設定したユーザーを、モデレーターと呼んでいます。開設者はルームの管理やルームの終了が行え、さらに他のユーザーにモデレーターの権限を与えることもできます。

つまり、１つのルームに複数のモデレーターがいることも少なくないのです。モデレーターというのは、司会者ともいえるもので、そのルームの全体の流れを仕切ったり、発言する人を指名したり、あるいは自分が中心になって会話を進めたりします。

このモデレーターに対して、ルームに参加して聴いている人のことをリスナーと呼んでいます。リスナーは、ルームで話されている会話を聴いている人、聴取者のことです。

このモデレーターとリスナーの他に、スピーカーと呼ばれる人もいます。これはそのルームで話ができる人です。モデレーターが指定して、スピーカーに設定することができます。ルームでは、モデレーターがひとりで話をしているのではなく（そういうルームもあります）、スピーカーに設定されている何人かのユーザーで、会話が進んでいくのが一般的です。パネルディスカッションのようなものを想像してみるといいでしょう。

あるいは、テレビやラジオの対談や討論会のような番組を想像してもいいでしょう。クラブハウスのルームでは、モデレーターやスピーカーが話や会話をし、それをスピーカーが聴いている、といった交流が行われているわけです。

なお、一般のリスナーでも、ルームの画面の右下にある挙手のアイコンをタップし、モデレーターが許可すれば、スピーカーになって会話に参加することもできるようになっています。

ルームに参加して聴取

クラブハウスに参加したら、興味のあるルームを探し、そのルームで交わされている会話を聴いてみましょう。

どんなルームが開催されているかは、クラブハウスの起動画面に表示されていますから、画面をスクロールして興味のあるルームを探してみるといいでしょう。起動画面には、現在開催されているルームがたくさん並んでいます。興味のあるルームがあれば、このルームをタップして入室してみましょう。するとルームに参加しているユーザーの一覧が表示され、イヤホンやスピーカーからルーム内の会話が聴こえてきます。

クラブハウスで会話を聴くだけなら、たったこれだけの操作で楽しめます。スピーカーになっているユーザーやモデレーターのユーザーのアイコンをタップし、「Follow」ボタンをタップすれば、このユーザーをフォローし、別の機会にフォローしたユーザーが開いたルームなどを聴いて楽しむのも簡単になります。

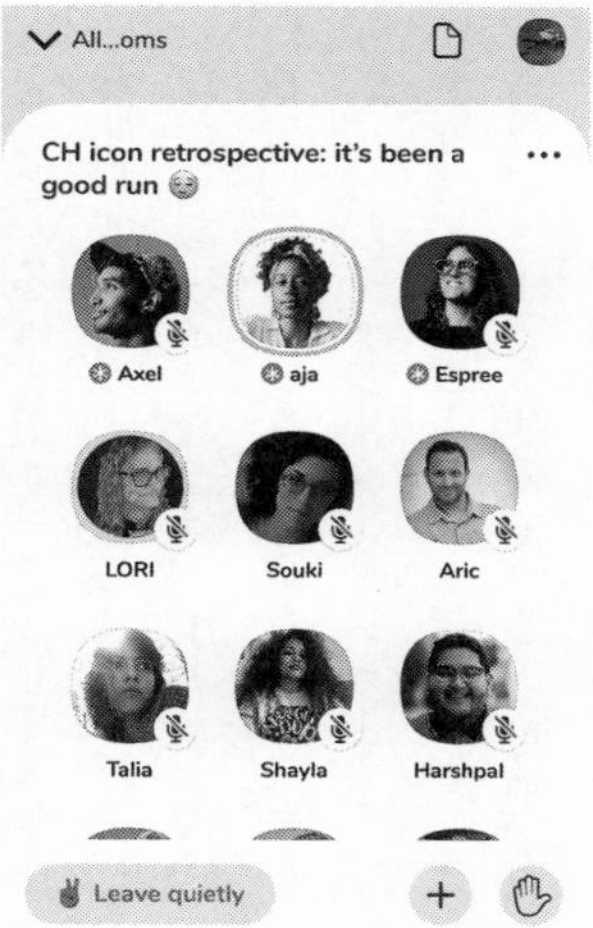

ルームをタップすると、参加者の一覧が表示され、会話が聴こえてくる

また、集まっているリスナーのアイコンをタップし、記載されている自己紹介を見たり、やはり「Follow」ボタンをタップしてフォローすることもできます。自分が興味を持っているテーマのルームを開催したり、そこに集まってきているユーザーなら、別の機会に会話をするチャンス

もきっとあるはずです。こうして人脈を広げていくことも可能です。

参加しているルームでの会話が終了したり、あるいはあまり時間がとれなくて抜けなければならないときなどは、ルームを抜けてクラブハウスを終了しましょう。リスナー一覧に自分のアイコンも表示されているため、主催者に失礼かな、などと思うかもしれませんが、自分がモデレーターやスピーカーでない限り、ルームはいつ抜けてもかまわないし、それを気にするユーザーもほとんどいません。

また、しばらく聴いていて、会話が自分の興味に合わなかったりしたときも、気軽にルームを抜け、別のルームに移ってもかまいません。

ルームを抜けるには、画面左下にある「Leave quietly」をタップします。これで参加していたルームから抜け、聴こえていた会話や音声が止まり、クラブハウスの起動画面に戻ります。

興味あるモデレーターを見つける

さまざまな使い方がありますが、大別すれば2通りです。ルームで行われている会話や議論などを聴くという使い方と、自分でルームを立ち上げて主催者になり、会話や議論を行うという使い方の２通りです。

ルームで行われている会話を聴くだけなら、あちこちのルームに入り、会話を聴いてみるといいでしょう。テレビのチャンネルを頻繁に替えながら、あちこちの番組を少しずつ見るような視聴方法を、ザッピングと呼んでいます。クラブハウスでもこのザッピングのような聴取方法があります。

起動画面に表示されているルームの説明を見ながら、あちこちのルームに入ってはちょっと会話を聴き、興味をひかずつまらなければルームを出て、別のルームに入ってみる、という操作をくり返し、あちこちのルームを渡り歩く方法です。

興味のあるルームを見つけるには、魅力的なモデレーターが開催しているルームを探すのもひとつの方法です。好きな芸能人や著名人、あるいはファンになっているアーティストなどを検索し、これらのユーザーが開催しているルームなら、きっと興味深く聴けるはずです。

興味のあるルームを探すには、いくつかの方法があります。

(1)　起動画面でルームを探す

まず、クラブハウスアプリの起動画面で、興味のあるルームを探してみましょう。クラブハウスのアプリの起動画面を、ホーム画面と呼んでいますが、このホーム画面に表示されているのは、クラブハウスの会員登録時や、後から設定した興味のある分野に関連するルームです。

この画面をスクロールしていき、おすすめされているルームのなかから、興味のあるルーム、聴いてみたいルームやテーマ、モデレーターなどを探してみるといいでしょう。

ホーム画面に表示されるルームに、興味のあるものがあまり出てこないときは、右上のプロフィールアイコンをタップし、表示されたプロフィール画面でさらに右上の歯車をタップ。次にあらわれた設定画面で「Interests」をタップして、興味のあるテーマをタップして選択しておきます。これでより興味のありそうなルームがあれば、ホーム画面におすすめで表示されるようになります。

(2)　ルームのスケジュールからルームを探す

ホーム画面には、システムからおすすめされたルームがいくつも表示されていますが、この画面にはさらに、スケジュールされたルームもいくつか表示されています。表示されているのは、ルームが始まる時刻とその名前、それにごく簡単な説明も表示されています。

さらにホーム画面上部のカレンダーアイコンをタップすると、もっと詳細で多くのルームのスケジュールがあらわれます。表示されているのは、予定されているルームの一覧で、これは画面上部の中央をタップして、自分が開催するルームのスケジュール一覧と切り替えられます。

ルームの画面で、スケジュールをメールやTwitterなどに共有して保存できる

開催されるルームのスケジュールのなかから、興味があって参加してみたいものがあれば、このルームをタップします。するとルームの詳細な説明が表示されますから、忘れないうちに保存しておきましょう。

ルームのスケジュールを保存するには、ルーム説明の下にあるアイコンをタップします。「Share」（共有）をタップすれば、アイフォーンの共有メニューが表示され、メールや他のSNSなどに送信できます。送られるのは指定しているルームのアドレスで、アイフォーンでこのアドレスをタップすれば、クラブハウスが起動してルームに入室できます。

(3)　フォロワー同士でルームに参加

フォローしているユーザーのなかで、互いにフォローしあっている相手が現在どこかのルームに参加している場合は、その情報がわかります。

ホーム画面右下にあるアイコンをタップすると、相互フォローしている相手が表示されます。ここには相手がオンラインかどうか、オフラインだったときはオフラインになってからの経過時間、それにオンラインでどこかのルームに参加している場合は、ユーザーをタップすると「Join the room they're listening to」と表示されています。

この部分をタップすると、自分も相手が参加しているルームに入室し、そのルームで行われている会話を聴くことができます。

また、相互にフォローしているユーザーが、どこかのルームに参加していて、あなたをそのルームに招待することもあります。このとき「許可」をタップすれば、あなたも同じルームに参加できます。

相互フォローしているユーザーを、現在参加しているルームに招待したいときは、画面下部の「＋」をタップ。すると相互フォローしているユーザーが表示されますから、招待したい相手をタップします。これで指定した相手が「許可」をタップすれば、同じルームに参加してきます。

クラブハウスはＳＮＳですから、ユーザーをフォローしたりフォローされたりすることで、同じルームに参加したり、自分が興味を持ったルームに招待したり、招待されたり、といった関係を結ぶことができるわけです。こうして互いに興味のあるルームに参加することで、もっとコミュニケーションを深められるのがクラブハウスなのです。

ルームを開催してみよう

クラブハウスのもうひとつの使い方に、自分でルームを開催し、他のユーザーと会話や議論を行う方法があります。この機能を利用するためには、まず自分でルームを開催する必要があります。クラブハウスの会員なら、誰でも簡単にルームを開催できます。

ルームを開催するには、ホーム画面下部にある「Start a room」をタップします。するとどのようなルームを開催するのか、選択画面があらわれます。選択できるのは、既に紹介しましたが、次の3つのうちのいずれかです。

・Open（オープン）
・Social（ソーシャル）
・Closed（クローズド）

ＳＮＳ特有の、それまで知らなかった相手などと交流したいときや、より多くの人に参加してほしいときなどは、オープンを指定するといいでしょう。独自のテーマなどで会話や議論したいときは、ソーシャルが適しています。

さらに友人などとわいわい話したり、知らない人にはあまり聞かせたくないような話題の話なら、クローズドを指定するといいでしょう。ただし、特定の相手と1対1で話すのなら電話で会話したり、ラインやスカイプ（Skype）などの無料通話と変わりません。わざわざクラブハウスを利用する意味はほとんどないでしょう。

ルームの種類を指定したら、右上にある「Add a Topic」をタップ。するとダイアログボックスが表示されますから、ここにルームの名前やどのようなテーマで会話するルームなのか、といった説明を記入します。半角英数字なら60文字、日本語なら30文字まで記入できます。

トピックの記入が終わったら、「Set Topic」をタップ。これでルームが作成されます。ただし、選択したルームの種類によって、その後の操作が若干異なっています。

「Start a room」をタップする

作成するルームの種類を選択し、
「Add a Topic」をタップ

オープンとソーシャルのどちらかを指定していたときは、「Set Topic」をタップしたら、最後に「Let's go」というボタンをタップします。これで今設定したルームがスタートします。

クローズドを選択していた

ときは、「Set Topic」をタップしたら、次に「ChosenPeople...」をタップし、ルームに参加できるユーザーを選択します。ユーザーの選択画面が表示されますから、ここからユーザーをタップして選択します。ユーザーには、あなたをフォローしている相手が表示されていますから、このなかから選択して指定します。

ユーザーを指定したら、「Let's Go」ボタンをタップ。これで設定したルームがスタートします。

なお、開催したルームや間違えて作成したルームを削除するには、ルームの画面で右上

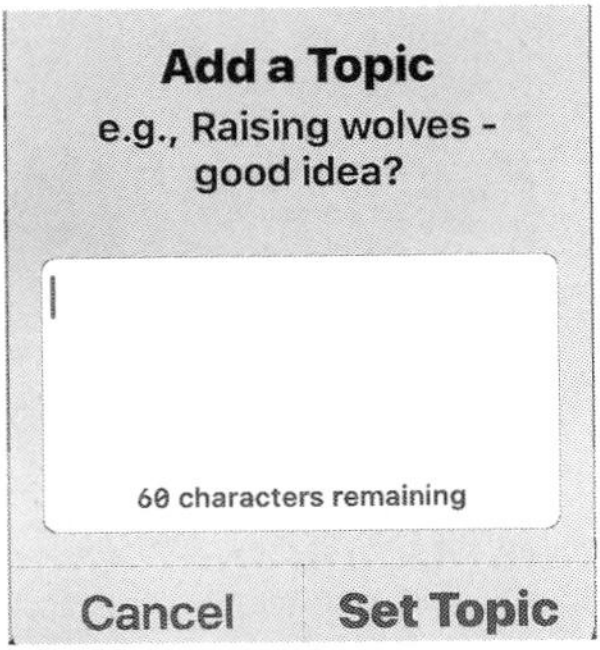

ルームの名前や説明を記入し、「Set Topic」をタップ

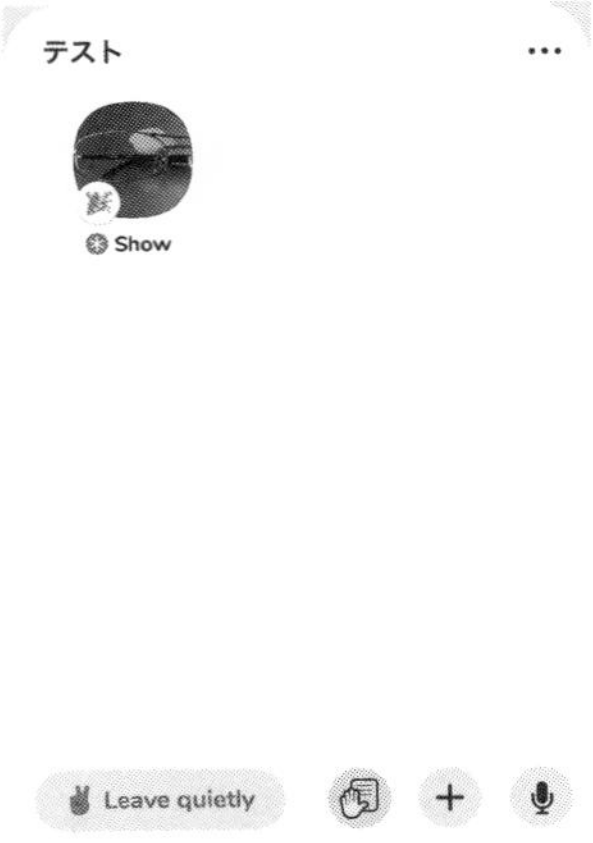

設定したルームがスタートする

のメニューボタンをタップし、あらわれたメニューから「End Room」メニューをタップして指定します。これで自分が作成して現在参加していたルームは削除されます。

ルームのスケジューリング

前項で説明した方法では、簡単にルームが開設できて、すぐにルームが始められます。しかし、ルームを開催したいときの直前に操作する必要があります。これでは多くの参加者や聴衆を集めることはできません。

そこで通常は、事前にルームをスケジューリングしておき、設定した日時になったらルームが自動的にスタートするように設定します。

ルームのスケジューリングは、ホーム画面上部にあるカレンダーアイコンをタップします。するとフォローしているユーザーが主催するルームのスケジュール一覧が表示されます。この画面で右上のカレンダーをタップ。すると新しいルームのスケジューリング画面が表示されます。

この画面で設定するのは、次のような項目です。

・Event Name
設置するルームの名前を記入します。絵文字などを記入することもできます。ルームが一覧表示されている画面では、絵文字が目立ちますから、適度に絵文字などを記入しておくと注目されやすいでしょう。ルームで議論されるテーマなどを、簡潔にわかりやすく記入しておくといいでしょう。60字まで記入できます。

・With
モデレーターの名前とアイコンが表示されます。ルームを設置したユーザー、ここでは自分になりますが、そのアイコンと名前が表示されます。

・Add a Co-host or Guest
ルームに参加するホストとゲストを、フォロワーのなかから選択して指定しておきます。

・Date

スケジューリングされたルーム一覧のなかに、自分が設定したルームも表示される

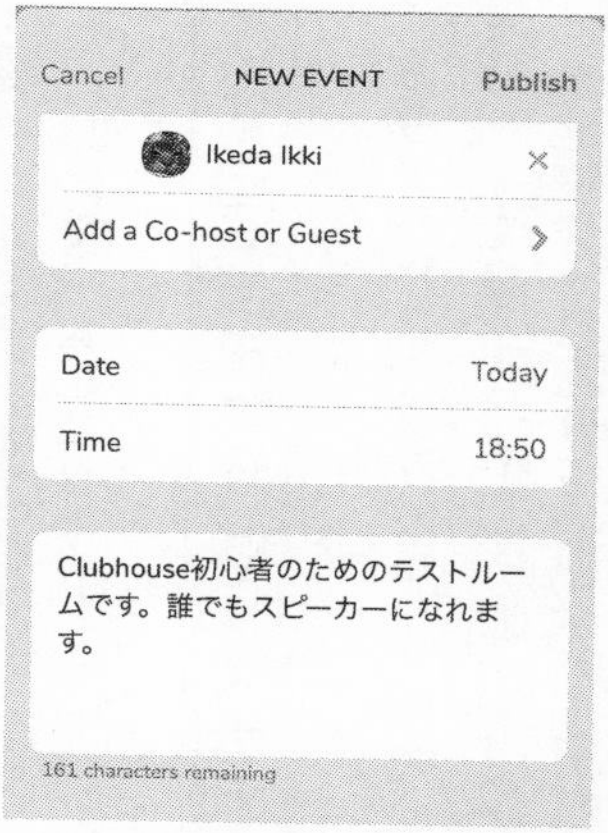

新しく設置するルームのスケジュールを追加する

「My Events」を指定すると、自分がスケジューリングしたルームが表示される

ルームを開始する日時を設定します。この項目をタップすると、カレンダーが表示されます。このカレンダーで、ルームを開催する日付をタップして指定します。

・Time

ルームをスタートする時刻を設定しま

す。この項目をタップすると、リストが表示されますから、このリストで指定します。時刻は5分単位で設定できます。

・Description
ルームの内容や説明を記載します。どのような内容のルームなのか、どんなテーマの会話を行うのか、わかっていればスピーカーやゲストの名前、必要ならオフレコかどうかも記載しておくといいでしょう。

すべての項目を設定・記入したら、右上の「Publish」をタップします。これで指定した日時にルームがスタートします。

SNSで告知すればリスナーが増える

クラブハウスでスケジューリングしたルームは、これから開催されるルーム一覧に掲載され、またスタート日時が迫ってくればホーム画面にも表示されるようになります。

ただし、それだけで聴衆や参加者がルームに来てくれるわけではありません。多くのユーザーと話をしたり、あるいはゲストなどとの会話をより多くの聴衆に聴いてほしければ、宣伝も必要になってきます。例えば、テレビで新番組が始まるときには、出演者などが他の番組に出演し、よく新番組の告知を行っているのを見かけます。これと同じようなイメージです。より多くの聴衆に参加してもらい、聴いてもらいたければ、事前に告知をしたいものです。

クラブハウスは新しいＳＮＳですから、やはり告知はＳＮＳで行うのが効果的です。告知する場合、ルームのアドレスを記載しておけば、これを見たユーザーがアドレスのリンクをタップするだけで、簡単にルームに参加できるようになります。

ルームを告知するときは、ホーム画面の上部にあるカレンダーアイコンをタップし、あらわれたスケジューリングされたルーム画面の上部で、「My Events」を指定。すると自分が設定したルームの一覧があらわれますから、告知したいルームをタップします。

するとルームの情報をシェアする画面があらわれます。ルームのテーマや内容、開催される日時といったものを他のアプリで共有するための画面です。シェアできるのはツイッターやカレンダーなどですが、さらに「Share」という項目をタップすると、アイフォーンの共有メニューがあらわれ、フェイスブックやライン、メッセンジャーなどさまざまな

ルームをタップすると、シェア用の画面に変わる

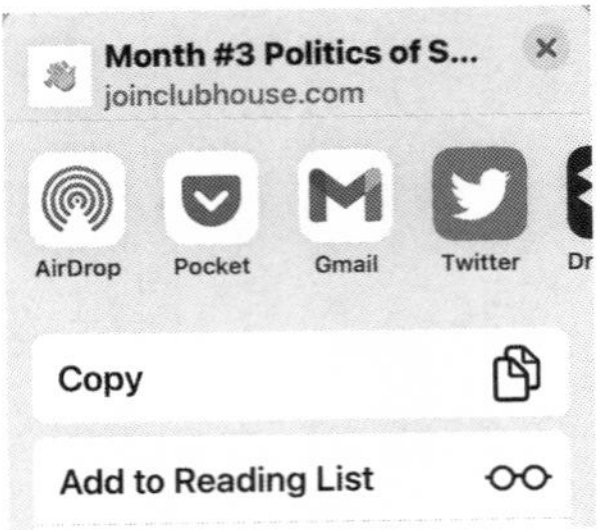

シェア先に「Share」を指定すると、アイフォーンのシェア先アプリの指定画面があらわれる

アプリと共有し、シェアできるようになっています。

シェアされる形式は、指定したアプリによって異なっています。例えばツイッターを指定すれば、ツイッターのツイート（投稿）に合わせたテキスト形式で、ルームのアドレスやルーム開催者のクラブハウスアカウント、それにルームの内容を表示した画像が添付されます。

シェア先に「Share」を指定し、あらわれたアイフォーンの共有メニューからメールを指定すると、ルームのアドレスだけがメールに記入されます。このメールを受信した相手は、記載されているアドレスをクリックすれば、クラブハウスのアプリが起動し、ルームの詳しい内容が書かれた画面が表示され、そのままルームに参加できるようになっています。

ツイッターやフェイスブックなど、ＳＮＳに送信して投稿すれば、各ＳＮＳに適した形式でルームの内容やアドレスを共有できます。こうして自分が利用しているクラブハウス以外のＳＮＳなどでルームを告知すれば、興味を持ってくれたユーザーがルームに参加し、聴取者として会話や議論などを聴いてくれることが期待できます。クラブハウスは新しいＳＮＳで、まだユーザーもそれほど多くありません。ルームの開催を設定したら、ぜひ他のＳＮＳでどんどん告知し、聴取者を増やしてみるといいでしょう。

ログアウトと退会

クラブハウスをやめるには、アプリを起動しなければいいだけです。また、ログアウトし、使えない状態にしてしまってもいいでしょう。クラブハウスをログアウトするには、ホーム画面で右上の自分のアカウントをタップし、あらわれたプロフィール画面右上の歯車アイコンをタップ。設定（Settings）画面に変わりますから、この画面の最下部にある「Log out」をタップします。

確認のダイアログボックスがあらわれたら、「Yes」をタップ。これでクラブハウスからログアウトできます。

ログアウトしたアカウントは、再度ログインするためには電話番号を記入し、ＳＭＳで送られてくる認証コードを入力すれば、再度ログインできます。電話番号と認証コードが必要になりますから、他のユーザーが勝手にあなたのアカウントでログインするなどということは難しくなっています。念のため、ログアウトしておけば、アカウントの乗っ取りのような事態にも安心です。

しかし、もうクラブハウスは使わないから、アカウントそのものを削除し、退会したいといったケースもあるでしょう。ただし、クラブハウスを退会してアカウントを削除するのは、実はちょっと面倒なのです。

というのも、現在のクラブハウスアプリには退会メニューがありません。退会してアカウントを削除するためには、運営会社にその旨を記載したメールを送る必要があるのです。しかも削除依頼のメールの送信元は、アカウントと紐付けられているアドレスに限られます。

つまり、退会するためにはクラブハウスにログインしておき、アカウントとメールとを紐付け、そのメールアドレスから退会依頼のメール（英文）を送る必要があるのです。クラブハウスの自分のプロフィール画面上部に、アットマーク（@）のアイコンがあります。このアイコンをタップすると、「Verify your Email」というダイアログボックスが

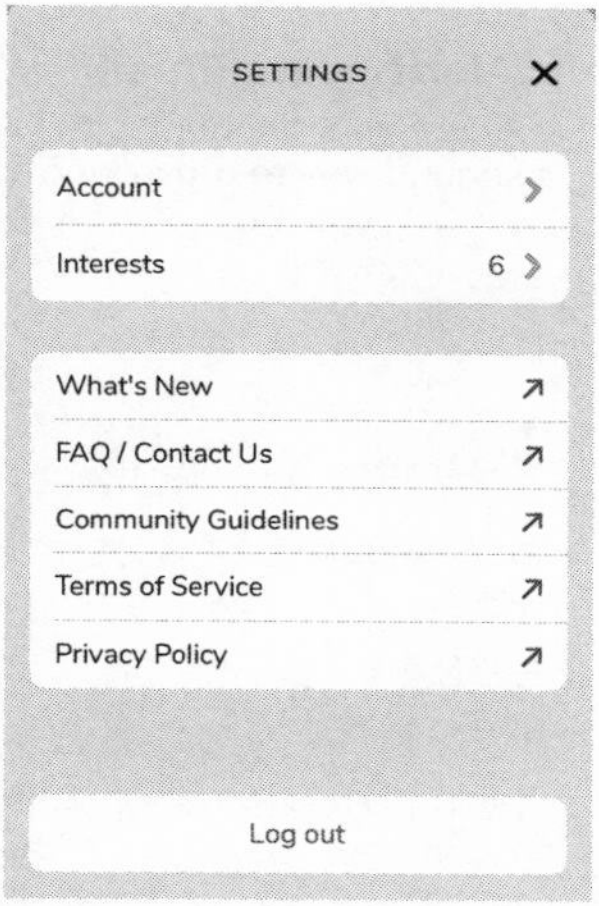

設定画面で「Log out」をタップする

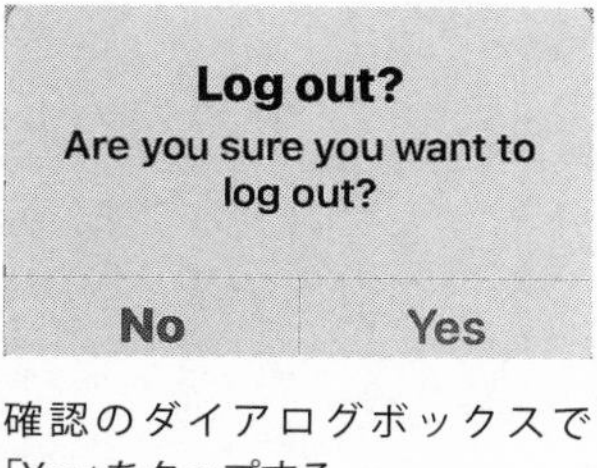

確認のダイアログボックスで「Yes」をタップする

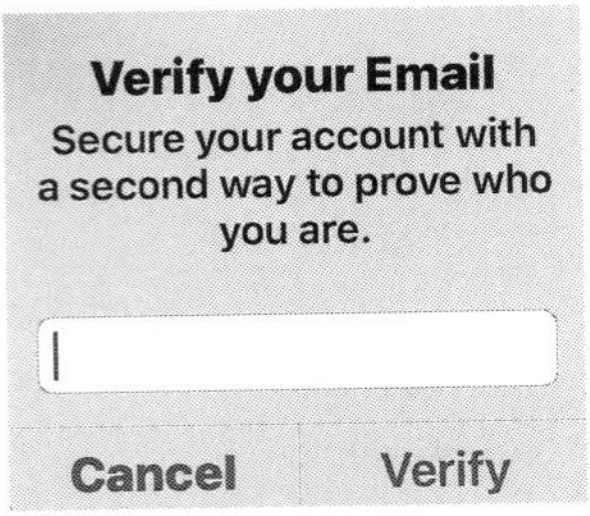
Verify your Email
Secure your account with a second way to prove who you are.
Cancel
Verify

プロフィール画面で「@」をタップすると、ダイアログボックスがあらわれる

開きますから、ここに自分のメールアドレスを記入し、「Verify」をタップします。すると指定したメールアドレス宛てに確認のメールが届きます。このメール内に書かれているリンクをクリックすると、クラブハウスアカウントとメールアドレスが紐付きます。

このメールアドレスから、クラブハウスの退会依頼を記載したメールを、クラブハウスの公式サポート宛てに送ります。公式サポートのアドレスは、「support@joinclubhouse.com」です。

メール内には、次のことを記載する必要があります。

・クラブハウスを退会したい
・アカウントに紐付いているメールアドレス
・登録した携帯電話の番号
・登録したアカウント名

・登録した名前

この退会依頼のメールを送って待っていれば、やがてアカウントが削除されます。なお、クラブハウスを退会してアカウントを削除すると、以後30日以内は同じ電話番号で再度アカウントを作成することはできません。また、アカウントを再度作成するためには、すでにアカウントを持っているユーザーからの招待が必要になります。

もうひとつの方法は、クラブハウスのリクエスト送信ページに、退会依頼を送る方法もあります。リクエスト送信ページにアクセスすると、「Submit a request」と書かれたページが表示されます。このページで、自分のアカウントや登録した電話番号などを記入し、アカウントを削除してくれるよう記入し、「Submit」ボタンをクリックして送信します。

こちらの場合も、うまく伝わればアカウントを削除してくれます。クラブハウスのアカウントを削除するのは、現状ではかなり面倒ですから、とりあえずクラブハウスをログアウトし、しばらく様子を見て、本当に必要ないと判断してから削除依頼を出すのでも遅くないのではないでしょうか。

・クラブハウスリクエスト送信ページ
https://clubhouseapp.zendesk.com/hc/en-us/requests/new?ticket_form_id=360006817273

■主な参考文献

『イノベーションの普及』２００７年10月刊（エベレット・ロジャーズ、三藤利雄・訳）翔泳社

『ファンベース』２０１８年２月刊（佐藤尚之）ちくま新書

Clubhouse: Drop-in audio chat（https://www.joinclubhouse.com/）

Clubhouse Terms of Service

Clubhouse 人気ランキング（https://clubhouse-ranking.userlocal.jp/）

「新型コロナ：旋風Clubhouse は本物か　コロナ下、雑談の渇き潤す」日本経済新聞

Mobile Operating System Market Share Worldwide（https://gs.statcounter.com/os-market-share/mobile/）

Elon Musk talks Mars, Neuralink and Dogecoin in surprise Clubhouse interview（CNET）

Clubhouse promises its accelerator participants either brand deals or $5K per month during the program（TechCrunch）

Chinese users flock to Clubhouse amid soaring popularity（BBC News）

第一生命保険株式会社「第32回『大人になったらなりたいもの』調査」

ロボスタ「『Clubhouse』で注目を浴びる『音声メディア』調査結果」

中国で「Clubhouse」利用急増、ウイグルから台湾独立まで「ルーム」盛り上がる　現状は無検閲（ニューズウィーク日本版 オフィシャルサイト）

青春新書
INTELLIGENCE

こころ涌き立つ「知」の冒険

いまを生きる

"青春新書"は昭和三一年に――若い日に常にあなたの心の友として、その糧となり実になる多様な知恵が、生きる指標として勇気と力になり、すぐに役立つ――をモットーに創刊された。

そして昭和三八年、新しい時代の気運の中で、新書"プレイブックス"にその役目のバトンを渡した。「人生を自由自在に活動《プレイ》する」のキャッチコピーのもと――すべてのうっ積を吹きとばし、自由闊達な活動力を培養し、勇気と自信を生み出す最も楽しいシリーズ――となった。

いまや、私たちはバブル経済崩壊後の混沌とした価値観のただ中にいる。その価値観は常に未曾有の変貌を見せ、社会は少子高齢化し、地球規模の環境問題等は解決の兆しを見せない。私たちはあらゆる不安と懐疑に対峙している。

本シリーズ"青春新書インテリジェンス"はまさに、この時代の欲求によってプレイブックスから分化・刊行された。それは即ち、「心の中に自らの青春の輝きを失わない旺盛な知力、活力への欲求」に他ならない。応えるべきキャッチコピーは「こころ涌き立つ"知"の冒険」である。

予測のつかない時代にあって、一人ひとりの足元を照らし出すシリーズでありたいと願う。青春出版社は本年創業五〇周年を迎えた。これはひとえに長年に亘る多くの読者の熱いご支持の賜物である。社員一同深く感謝し、より一層世の中に希望と勇気の明るい光を放つ書籍を出版すべく、鋭意志すものである。

平成一七年　　刊行者　小澤源太郎

著者紹介
武井一巳〈たけい　かずみ〉
1955年長野県生まれ。ジャーナリスト、評論家。大学在学中より週刊誌・月刊誌等にルポルタージュを発表。ビジネスや最先端技術分野の評論を行なう一方で、パソコンやネットワーク分野、電子書籍などに関する初心者向けのやさしい解説書を多数執筆。主な著書に、『21世紀の新しい職業図鑑』(秀和システム)、『ジェフ・ベゾス　未来と手を組む言葉』、『月1000円！ のスマホ活用術』(小社刊)などがある。

人脈《じんみゃく》・アイデア・働《はたら》き方《かた》……
ビジネスが広《ひろ》がるクラブハウス
青春新書 INTELLIGENCE

2021年5月15日　第1刷

著者　武《たけ》井《い》一《かず》巳《み》

発行者　小澤源太郎

責任編集　株式会社プライム涌光
電話　編集部　03(3203)2850

発行所　東京都新宿区若松町12番1号 〒162-0056　株式会社青春出版社
電話　営業部　03(3207)1916　振替番号　00190-7-98602

印刷・中央精版印刷　製本・ナショナル製本

ISBN978-4-413-04619-0

こころ涌き立つ「知」の冒険！

青春新書
INTELLIGENCE